Stefan Heidenreich

Geburtstag

Wie es kommt,
dass wir uns selbst feiern

Carl Hanser Verlag

1. Auflage 2018

ISBN 978-3-446-25841-9
© Carl Hanser Verlag München 2018
Umschlag: Anzinger und Rasp/Marion Blomeyer, München
Satz: Kösel Media GmbH, Krugzell
Druck und Bindung: GGP Media GmbH, Pößneck
Printed in Germany

MIX
Papier aus verantwor-
tungsvollen Quellen
FSC® C014496

Inhalt

Anfang

Am liebsten würde Stella jeden Tag Geburtstag feiern. Warum auch nicht? Wer sagt denn, dass wir uns nur einmal im Jahr daran erinnern dürfen, geboren zu sein? Schließlich haben die alten Römer ihren Geburtstag einmal im Monat gefeiert, manche jedenfalls. Außerdem ist es gar nicht so leicht, einer Vierjährigen zu erklären, warum sie so lange warten soll, bis sie wieder dran ist. Noch dazu, wenn ständig andere Kinder Geburtstag haben.

Deborah dagegen feiert ihren Geburtstag so gut wie nie. Nicht weil sie nicht gerne wollte. Im Gegenteil. Mit größter Freude würde sie einmal wie alle anderen feiern. Aber das ist leider unmöglich. Denn ihr Tag ist schon vergeben. Sie wurde am 24. Dezember geboren. Manchmal denke ich, dass es im Süden Italiens, wo sie aufwuchs, dafür eine Lösung geben müsste. Aber nein. Also findet ihr Geburtstag nicht statt. Das erscheint umso ungerechter, wenn man die Umstände bedenkt. Kein Mensch weiß, ob Jesus aus Nazareth, dessen Geburt an Weihnachten gefeiert wird, tatsächlich an diesem Tag zur Welt kam. Wahrscheinlich nicht. Sicher ist nur, dass man den 24. Dezember erst 400 Jahre nach seiner Geburt zu einem Feiertag machte.

An einem Herbsttag vor einigen Jahren fuhren Stella, Deborah und ich mit dem Zug durch die Berge Nordmährens. Wir waren unterwegs nach Graz. Weil es eine richtige Reise sein sollte, hatten wir erst Prag angeschaut, um dann in der kleinsten tschechischen Stadt auf der Strecke zu übernachten. Ich hatte ein Gästezimmer in einem Brauereigasthaus gebucht. Beim Einchecken fragte uns die Wirtin nach den Ausweisen. Am nächsten Morgen stiefelten wir über den Markt zum Zuckerbäcker, tranken schrecklichen Kaffee und aßen die köstlichsten Powidl-Kolatschen. Als wir aufbrachen, half mir der Wirt, die Koffer hinunterzutragen. Auf halber Treppe drehte er sich zu mir um. »Important day«, murmelte er in gebrochenem Englisch, »congratulations.« Ich verstand ihn kaum und wusste nicht, worauf er hinauswollte. Bis er fragte: »Isn't it your birthday?« Ich glaube zwar nicht daran, dass verfrühte Glückwünsche Unglück bringen, aber man weiß ja nie. Den Aberglauben mit den Glückwünschen gibt es übrigens nur in Deutschland, wie ich mittlerweile herausgefunden habe. Hatte er mir hinterherspioniert? Meine Daten irgendwo abgefragt? Schließlich trug ich kein T-Shirt mit der Aufschrift »It's my birthday« oder dergleichen. Und auf Facebook oder wo sonst man Informationen zur Person und Daten eingeben soll, gebe ich immer den 1. Januar an, um Glückwünschen und Werbebotschaften zu entgehen.

Dass er das Datum aus meinem Ausweis hatte, kam mir erst, als wir schon wieder abgereist waren. Wahrscheinlich musste er meinen Namen und meine Daten in irgendeine Liste übertragen. Dabei war es ihm wohl aufgefallen.

Ich gebe zu, dass ich unter die Geburtstagsmuffel falle. Am liebsten verreise ich an dem Tag.

Auf dem Weg zum Bahnhof fiel mir ein, dass auch die Veranstalter in Graz um eine Kopie meines Ausweises gebeten hatten. Wegen der Abrechnung, hieß es. Ich sollte dort nämlich einen Vortrag halten, ausgerechnet an meinem Geburtstag. Als die Anfrage kam, hatte ich sofort zugesagt. Was für eine großartige Gelegenheit, meinen Geburtstag mit einer Reise zu verbinden.

Kurz nachdem sie gelernt hatte, »ich« zu sagen, wurde meine Tochter ganz versessen auf Geburtstage allgemein und ganz besonders auf ihren eigenen. Der Zusammenhang zwischen beidem kam mir damals nicht in den Sinn. Heute ist mir das klar.

Wir entdecken uns selbst eben nicht nur, indem wir »ich« sagen. Wir lernen, »Ich« zu sein, indem wir all die vielen Rituale mitmachen, durch die wir uns selbst erst erfinden. Der Geburtstag trägt zu diesem Herstellen unseres Ichs bei. Wir werden zu den Feiern der anderen eingeladen und sehen, wie es geht. Dabei lernen wir, uns selbst zu feiern und wir selbst zu sein.

Nur ist der Geburtstag dafür nicht der selbstverständlichste Anlass. Schließlich kann sich niemand an seine eigene Geburt erinnern. Wäre es nicht viel sinnvoller, etwas zu feiern, das wir selbst erlebt haben?

In Wien mussten wir umsteigen. Es war das Jahr der großen »Flüchtlingswelle«, wie man sagte. In dem gerade erst eröffneten Hauptbahnhof, dessen Hallen noch ganz neu und leblos wirkten, standen und saßen nun überall die Vertriebenen herum, neben Koffern, Säcken und Tüten. Als ich zwischen den Gruppen von Syrern und Irakern, den Helfern und Polizisten umherging, musste ich an die Berichte meiner Mutter von ihrer Flucht denken. Viel hatte sie davon nie erzählt. »Dann mussten wir raus«, hieß es immer, als wäre sie aus einem warmen und behaglichen Wohnraum in die Kälte gestoßen worden. Es gab kein Bild, das ich vor Augen hatte, aber es muss doch ein Stück weit so ausgesehen haben wie hier. Beim Nachdenken über ihre Geschichte komme ich immer wieder auf einen für mich entscheidenden Punkt zurück. Wenn die Familie meiner Mutter nicht vertrieben worden wäre, würde es mich nicht geben. Denn die Endstation ihrer Flucht war das Dorf meines Vaters.

Der Zug fuhr weiter, bald hoch über dem Tal und durch die letzten Ausläufer der Alpen. Morgen, an meinem Geburtstag, von dem dort niemand wusste, würden wir nach Leoben fahren. Ein Teil der Konferenz war in die Bergbau-Stadt verlegt worden. Heute, am Vorabend, wollten sich alle Teilnehmer in einem Restaurant treffen. Ich freute mich schon darauf, einige alte Freunde wiederzusehen.

Nach der langen und manchmal auch etwas langweiligen Zugfahrt dachte Stella gar nicht daran, ins Bett zu gehen. So trafen wir zu dritt vor dem Restaurant ein. Kaum hatte ich die ersten Bekannten begrüßt, meldete sich meine Tochter zu Wort. Sie hatte genau verstanden, was der Hauptzweck der Reise war, und dachte gar nicht daran, damit hinterm Berg zu halten: »Papa hat Geburtstag.« Meinen sofortigen Einspruch quittierte sie einfach nur damit, den gleichen Satz immer wieder zu wiederholen.

Am nächsten Morgen, als wir in den Bus stiegen, zwinkerte mir die Leiterin der Konferenz zu. Ob es denn nun stimme, was meine Tochter ausgeplaudert hätte. Sie wartete meinen Versuch, mich um eine Antwort zu drücken, gar nicht erst ab. »Ich muss ja nur in der Buchhaltung anrufen.«

Es war auf der Zugfahrt zurück, als mir im Nachdenken über die Tischgespräche vom Vorabend klar wurde, dass es zum Geburtstag überhaupt etwas herauszufinden gibt. Nachdem einmal herausgekommen war, dass meine Tochter doch fast die Wahrheit gesagt hatte, wenn auch einen Tag zu früh, geriet das Abendessen nach der Konferenz zu einem kleinen Fest. Die Gespräche kamen dann auf die Fragen, seit wann man den Geburtstag überhaupt feiert und was alles da sein muss, bevor wir beginnen können, uns selbst zu feiern.

Die Zutaten

Um den eigenen Geburtstag feiern zu können, reicht geboren zu sein bei weitem nicht aus. Wir benötigen bereits eine ganze Menge an verschiedenen Zutaten, bevor wir von den Umständen und dem Zeitpunkt der eigenen Geburt überhaupt verlässliche Kenntnis haben. Und auch das genügt noch lange nicht. Es braucht auch ein Selbstbewusstsein, ohne das vermutlich niemand auf die Idee käme, sich selbst an einem bestimmten Tag im Jahr zu feiern. Das Geburtstagsfest ist also keinesfalls so normal und selbstverständlich, wie es uns heute erscheint. Vielmehr handelt es sich um eine vergleichsweise komplizierte Erfindung, geboren aus einer Vielzahl kulturhistorischer Voraussetzungen.

Die offenen Fragen beginnen damit, dass wir uns an unsere Geburt bekanntlich ganz und gar nicht erinnern können. Wir sind auf andere angewiesen, die uns davon berichten. Beim menschlichen Gedächtnis handelt es sich aber leider um eine recht unzuverlässige Quelle. Besonders ein Detail, das wir für das Fest unbedingt benötigen, fehlt in so gut wie allen Berichten. Die Erinnerung der Eltern mag zwar viele Einzelheiten speichern, also etwa die Dauer oder die Uhrzeit der Geburt und auch den Ort des Geschehens. Was aber mit ziemlicher Sicherheit fehlt, ist das Datum. Denn am Ende hilft es wenig zu wissen, dass ich einen Tag nach Vollmond an einem Herbstnachmittag zur Welt kam. Nicht einmal für das genaue Jahr gibt es einen brauchbaren Platz im Gedächtnis.

Um für ein Jubiläum zu taugen, müssen wir unsere Erinnerung daher unterstützen. Nur so kommen wir über das bloße »weißt du noch« hinaus. Am besten helfen wir unserem Gedächtnis mit einer schriftlichen Notiz auf die Sprünge. Das aber ist nicht jedermanns Sache. In der Regel werden Geburtsakten nur dort geführt, wo es Ämter und Behörden gibt, die über das Leben der Bürger Bescheid wissen wollen. Noch heute ist das rund um den Globus keinesfalls selbstverständlich. Jedes Jahr werden gut 50 Millionen Kinder geboren, also fast jedes dritte, ohne dass jemand ihren Geburtstag registriert.

Die Verwaltung der Bürger führt uns geradewegs zur nächsten Geburtstagszutat. Ihr Alter übersteigt das der modernen Urkunde um etliche tausend Jahre. Um einen bestimmten Tag notieren zu können, müssen wir erst einmal alle Tage benannt und sortiert haben. Dazu brauchen wir einen Kalender. Die Erfindung des Kalenders liegt weit vor dem massenhaften Notieren von Geburtsdaten.

Ein Datum zu notieren ist nicht der einzige Grund, warum wir für das Geburtstagsfest einen Kalender brauchen. Er sagt uns nicht nur, wie der Tag heißt, sondern misst auch die Länge des Jahres. Er erfüllt also eine doppelte Aufgabe, was unseren Geburtstag betrifft, jedenfalls wenn wir ihn jährlich feiern wollen.

Damit haben wir die drei Grundzutaten beisammen, ohne die es schlicht unmöglich ist, einmal im Jahr am selben Tag Geburtstag zu feiern:

- eine Erinnerung, am besten schriftlich notiert,
- im Datumsformat und
- den Kalender.

Dabei handelt es sich allerdings nur um die technischen Zutaten. Sie reichen bei weitem nicht aus, um die Feier zu erklären. Um überhaupt auf die Idee zu kommen, die eigene Geburt zu feiern, braucht es einige weitere Verfeinerungen, gerade so wie bei allen guten Rezepten. Wäre der Geburtstag eine Torte, so würde es sich um eine Art von kulturphilosophischer Glasur handeln. Wahrscheinlich wäre die Torte auch ohne selbstgemachtes Johannisbeergelee, ohne Buttercremeverzierung aus dem Spritzbeutel mit Nüssen und ohne dass wir die Tortenböden mit Obstsaft und einem Schuss Rum besprühen, machbar, aber eben ein wenig staubig und trocken.

Allein weil wir wissen, wann wir geboren wurden, feiern wir noch längst kein Fest an diesem Tag. Jubiläen gibt es viele, aber der Geburtstag kommt nicht ohne Grund recht spät dazu. Tatsächlich erweist er sich im Vergleich zu all den Festen, die wir sonst so kennen, als ein eher ungewöhnliches Jubiläum.

Etwas zu feiern ist immer eine gemeinsame Sache. Natürlich gibt es Ausnahmen wie den römischen Dichter Ovid, der ganz für sich allein einen Geburtstag beging, und zwar nicht einmal seinen eigenen, aber dazu später mehr. Im Normalfall feiert es sich am besten in Gesellschaft. Dazu gehört üblicherweise, dass alle miteinander aus einem gemeinsamen Anlass ein Fest feiern. Zu solchen Anlässen zählen etwa große Märkte, das Ende der Ernte, Festtage von Heiligen und Göttern, Jubiläen von Gründungen oder großen Ereignissen oder in neuerer Zeit auch Festivals aller Art.

Was die Geburtstage von all diesen Festen unterscheidet, ist ihr privater Anlass. Sich selbst zu feiern galt die längste Zeit als Privileg von Herrschern. Oft allerdings bezog sich das Jubiläum nicht auf die Geburt der Königin, des Königs oder eines Fürsten oder sonst eines Aristokraten, sondern auf die Amtseinführung oder Thronbesteigung. Dabei handelte es sich um Feiern, die den gesamten Staat und damit alle Bürger miteinander betrafen. Um überhaupt darauf zu verfallen, das eigene Datum der Geburt als privaten Anlass eines Festes zu nehmen, benötigen wir drei weitere Zutaten.

Die erste sind wir selbst. Dieses »Ich« ist nicht so alt, wie man vermuten mag. Und es kommt keinesfalls so selbstverständlich daher, wie es uns heute erscheint. Zwar haben schon die alten Griechen den Wahlspruch ausgegeben: Erkenne dich selbst. Aber sosehr sie sich auch um sich selbst sorgten, sie sahen sich doch immer als soziale Wesen eingebunden in den Zusammenhang ihrer Stadt und ihrer Familie und Freunde, und dazu standen sie noch unter dem Schutz ihrer vielen Götter. Die Aufschrift »Erkenne dich selbst« stand bezeichnenderweise über dem Tempel von Delphi. Sie richtete sich nicht an ein modernes, selbstbezügliches »Ich«, sondern forderte die Besucher auf, im Orakel der Götter ihr eigenes Schicksal zu erkennen.

Das »Ich« als modernes Subjekt entsteht viel, viel später. Es hat die Macht, oder eher die Pflicht, selbst zu denken und sich selbst zu begreifen. Den »Ausgang aus der selbst verschuldeten Unmündigkeit« hatte der Philosoph Immanuel Kant als dringendste Aufgabe des aufgeklärten Menschen gefordert. Dass er dabei lediglich einen »geschärften Befehl zum Selbstdenken« befolgte, den der preußische Minister von Fürst am 26. Mai des Jahres 1770 vom König an die Universitäten weitergeleitet hatte, wird in der Heldengeschichte der großen Philosophen gerne unterschlagen.

Was hat es mit diesem »Subjekt« auf sich? Betrachten wir es an einem Beispiel. Wir gehen heute ganz fraglos davon aus, dass wir für unsere Taten selbst verantwortlich sind. In seltenen Fällen können wir mildernde Umstände anführen. Aber wir wissen sehr genau, dass wir uns weder auf das Schicksal noch auf die Launen der Götter berufen können. Wir haben gelernt, dass wir am Ende ganz allein für uns selbst zuständig sind und selbst bedenken müssen, was wir tun. Das war nicht immer so. Solange sich der Mensch im Reich des einen Gottes oder der vielen Götter gut aufgehoben fühlte, war selbst zu denken nicht angesagt. Im Jahr 1619 hatte ein französischer Soldat in Diensten der bayrischen Armee in seiner überheizten Stube zu Neuburg an der Donau ein paar eigenartige Träume. »Ich denke, also bin ich«, notierte der Herr mit Namen René Descartes. Um die gleiche Zeit beginnen die Leute nicht nur damit, für sich selbst zu denken, sondern auch, sich selbst zu feiern. Irgendwie scheinen, jedenfalls an diesem zweiten Beginn des Geburtstagsfestes, Denken und Feiern zusammenzugehören.

Aber das »Ich« allein reicht noch nicht. Zwei weitere Zutaten fehlen noch, um mit dem Feiern wirklich beginnen zu können. Dass wir uns selbst denken, erklärt zwar den Wunsch, uns auch zu feiern, nicht aber die Tatsache, dass wir es am Tag unserer Geburt tun.

Das »Ich«, das wir nun einmal sind, muss dazu noch zwei entscheidende Dinge lernen. Erstens müssen wir uns als ein Wesen begreifen, das in der Zeit lebt. Am deutlichsten wird dieser Bezug zur Zeit wohl in der Erfindung der Kindheit. Nicht umsonst üben die Kindergeburtstage eine derart große Attraktion aus. Kindheit erfinden? Wie soll das gehen? Hat denn nicht seit Ewigkeiten jedes Kind eine Kindheit? Sind Menschen nach der Geburt nicht immer Kinder, erst kleine, dann große? Die Antwort der Kulturhistoriker auf diese Frage fällt eindeutig aus: Nein! Ein klares und deutliches Nein. Die Kindheit musste als eigenständige Phase des Lebens erst erfunden werden. Das geschieht ungefähr im 18. Jahrhundert. Vorher galten junge Menschen einfach als kleinere Ausgaben der Erwachsenen. Für manche Aufgaben waren sie unbrauchbar, für andere gut geeignet. Bevor sie sprechen konnten, kümmerte man sich besser nicht so sehr um sie. Die ersten Jahre überlebten nicht viele. Eine Kindheit als abgesonderten Abschnitt des Lebens kannte man nicht. Dass wir Jahr für Jahr wachsen und uns entwickeln, anstatt einfach nur im Kreislauf des Immergleichen dasselbe zu tun, musste erst in unser Bewusstsein gebracht werden. Zum Ausdruck dieses neuen Bewusstseins wurde, unter anderem, der Geburtstag. Nämlich ein Tag, an dem wir uns als ein Wesen begreifen, das wächst, größer wird und sich mit der Zeit verändert, von Jahr zu Jahr.

Aber auch das genügt nicht. Noch fehlt eine weitere Zutat, um Geburtstag feiern zu können. Wir sind jetzt Subjekte geworden, die sich Mühe geben, selbst zu denken, und wir wissen, dass wir jedes Jahr älter werden. Aber damit »haben« wir noch lange keinen Geburtstag. Es mag zwar Behörden, Ämter oder auch Pfarrer geben, die das Datum unserer Geburt notiert haben und deshalb kennen. Sie geben unsere Daten auf Anfrage weiter, zum Beispiel an die Ausheber der Armee oder die Polizei oder den Steuereintreiber. All diese Amtspersonen »haben« damit unseren Geburtstag. Aber wir selbst müssen erst noch darauf kommen, ihn uns anzueignen.

Dazu braucht es die Idee des Eigentums als Recht jedes Menschen. Philosophisch gesprochen handelt es sich um den Schritt von Kant zu Hegel, vom selbst denkenden Subjekt zum Eigentümer. Der Begriff vom Privatmenschen als jemandem, der etwas besitzt, setzt sich, jedenfalls für die breite Bevölkerung, erst recht spät durch. Die längste Zeit der Geschichte brauchten die meisten Leute keinen Besitz und hatten auch nichts. Die Idee des Eigentums wäre ihnen fremd erschienen. Im alltäglichen Kampf ums Leben spielten derlei Formfragen keine Rolle. Man lieh und nahm sich, was man brauchte, und wenn andere es benötigten, reichte man es weiter. Das änderte sich für das gewöhnliche Volk erst, als der beginnende Kapitalismus Güter aller Art in großen Mengen herzustellen erlaubte. Seitdem lernten die Bürger, Dinge zu bezahlen, zu kaufen, zu besitzen und auf ihren Besitz zu achten, ihn zu mehren und mit Geld umzugehen. Eine Unmenge alter Märchen berichtet von diesem Wandel, vom Erben, von den Goldschätzen, vom Verkauf der Seele. Gerade Letzteres dürfen wir übrigens ganz wörtlich nehmen. Der käufliche Erwerb des eigenen Seelenheils steht ganz am Beginn des neuzeitlichen Subjekts. Zu den neuen Besitztümern gehört auch, dass die Leute lernen, ein Fest als ihr »eigenes« zu feiern. Sie beginnen, ihren eigenen Geburtstag zu »haben«.

Damit sind die drei Zutaten der kulturphilosophischen Glasur beieinander:

- das moderne »Ich« (Subjekt)
- als zeitliches Wesen
- mit Eigentum.

Insgesamt braucht es für den Geburtstag, so wie wir ihn heute feiern, diese sechs Zutaten. Aus der Liste der Bestandteile geht nicht hervor, wie das alles im Lauf der Zeit zusammengerührt wurde. Wir haben es mit einer langen kulturhistorischen Entwicklungsgeschichte zu tun. Auf unseren Wegen durch diese Geschichte werden wir vielen verschiedenen Menschen und Ereignissen begegnen: einem einsamen Dichter, einigen dogmatischen Verächtern des Geburtstags, diversen Königen und Aristokraten und feierwütigen Horden unterschiedlichster Herkunft. Dazu kommen Schilderungen einzelner Feste und Fehlschläge, das Auspacken und Einpacken von Geschenken, Besuche bei Ämtern und Behörden und eine ganze Reihe eigentümlicher Rituale.

Der Geburtstag hat nicht nur eine Geschichte, sondern auch eine lebendige Gegenwart und eine Zukunft. Wie jede Tradition wird er erfunden und verändert. In den sozialen Medien haben sich in den letzten Jahrzehnten ganz neue Kulte um Geschenke und Glückwünsche breitgemacht. Zugleich verändern sich die Grundzutaten des Festes. Seit wir mehr und mehr in Netzwerken unterwegs sind und unsere Erinnerungen online archivieren, hat sich unser Verhältnis zur Zeit gewandelt. Zwar kennen alle Plattformen und Freunde unsere Daten. Aber wir begreifen unser Leben nicht mehr in der alten Ordnung der modernen Zeit. Was wir mögen und liken und was uns im Netz nah erscheint, zählt mehr als das Neue.

Dazu passt, dass sich der Begriff des Fortschritts aus vielen Lebensentwürfen verflüchtigt. Dieses Verblassen betrifft auch die Idee vom Menschen als Subjekt. Für das Leben in sozialen Netzwerken hilft uns der individualistische Blick auf uns selbst nicht mehr weiter. Wir können die Mühen, uns selbst zu denken, beiseitelassen, denn wir haben ja Freunde, die das für uns erledigen. Das Fest, zu dem uns die vielen Online-Glückwünsche erreichen, ändert sich damit. So zeigen die entstehenden Rituale in den Netzwerken voraus auf den Geburtstag der Zukunft.

Der zweite Geburtstag

Noch sind keine Gäste da. Es wird auch niemand erwartet. Selbst das Geburtstagskind fehlt. Sollte sie noch erscheinen, wäre das die allergrößte Überraschung. Denn nach allem, was man weiß, befindet sie sich in weiter Ferne. Sogar die schnellsten Schiffe bräuchten beinahe einen Monat, um den entlegenen Ort der kleinen Feier zu erreichen.

Wir befinden uns am Ufer des Schwarzen Meeres, des »Pontus«. Im Winter muss man sich vor Überfällen von Banden fürchten, die über die zugefrorene Donau herüberkommen. Die Sommer dagegen sind betriebsam. Im Umland der von den Griechen schon vor Jahrhunderten gegründeten Kolonie wird Getreide angebaut und ins Reich verschifft.

Wir schreiben das Jahr der Konsuln Manius Aemilius Lepidus und Titus Statilius Taurus. Für die vor Ort ansässigen Griechen trägt es wahrscheinlich die Zahl 322. Im Gegensatz zu den Römern in der Westhälfte des Reiches waren sie immerhin schon so weit, die Jahre durchzuzählen. Es ist das Jahr des ersten Geburtstags, der uns in privaten Details überliefert wird. Leider kennen wir weder den genauen Tag noch auch nur die Jahreszeit. Nicht einmal der Name der gefeierten Frau ist überliefert. Wir wissen allerdings, dass der Wind vom Meer her blies, was in der Gegend nicht so selten ist.

Aber sieh an, wie der Wind die vom Weihrauch kommenden
    Dämpfe
hin nach Italien trägt, günstigen Gegenden zu!
Also dem Rauch, den der Brand hervorbringt, eignet
    Empfindung:
Flieht er mit Absicht doch, Himmel des Pontus, vor dir.

Drei Jahre ist es her, dass der Dichter Ovid nach Tomis verbannt wurde, so der damalige Name der Stadt. Später ließ sie der erste christliche Kaiser Konstantin in Constanza umbenennen. So heißt sie heute noch. Wir wissen nicht, warum Ovid von Kaiser Augustus ans nordöstliche Ende des Reiches verbannt wurde. Wohl nicht nur deshalb, weil er, als der Kaiser ihn bat, einige Gedichte zu seinen Ehren zu schreiben, ihn mit der Auskunft abwies, er habe etwas Besseres zu tun. Dass dieses Bessere sich als ein stellenweise pornografisches Werk über die Kunst der Liebe herausstellte, war nicht der alleinige Grund. Es muss etwas vorgefallen sein, worüber sich Ovid ausschwieg. Er sprach nur von »Carmen et Error«, also dem Gedicht und einer anderen Verfehlung. Bis heute rätseln Historiker, was passiert sein mag.

Die Feier können wir uns im Innenhof eines römischen Landhauses vorstellen. An einer Seite, wenn nicht an allen vieren, mag es einen Säulengang gegeben haben, wie damals üblich. Inmitten des Hofs war aus Grasnarben eine Opferstelle aufgeschichtet.

> und es erhebe sich grün ein Altar aus Stücken vom Rasen,
> und um den rauchenden Herd schlinge sich Blumengewind!
> Reiche mir Weihrauch, Bursch, damit er die Flammen belebe!
> Bringe mir Wein, dass er sich zischend ergießt in die Glut!

Mit Festen und Ritualen kannte der Dichter sich aus, hatte er doch ein ganzes Buch über die Feste und Feiertage das alten Rom geschrieben, die »Fasti«. Der römische Kalender bestand aus einer einzigen langen Abfolge von Prozessionen, Umzügen, Opfern und Festen. Unter all den Tagen im Jahr gab es kaum einen, an dem nicht irgendetwas gefeiert wurde.

Für das Rauchopfer wird das Harz des Weihrauchs in die Glut gelegt. Ein Windhauch treibt den Rauch nach Westen, dem Land seiner Sehnsucht zu, wohin Ovid immer noch eines Tages zurückzukehren hoffte. Etwas Wein, für Götter im Gegensatz zu Menschen immer unverdünnt, gießt der Dichter ins Feuer.

Ob die Gemahlin anwesend ist oder nicht, macht für das Ritual selbst keinen großen Unterschied. Es war im alten Rom durchaus üblich, den Geburtstag nahestehender Menschen auf diese Weise zu begehen. Denn das Opfer galt nicht eigentlich der Person, sondern einer Art von göttlichem Stellvertreterwesen. Bei Frauen hieß dieses Wesen Juno. Der Schutzgott der Männer dagegen hieß Genius. Jeder Mensch hatte seinen persönlichen göttlichen Begleiter. Auch Institutionen, wie der Senat, oder Städte oder Flüsse, sogar Winde und Orte besaßen ihren Genius. Den Genius eines Ortes kennen wir heute noch als Genius Loci. Nur verstehen wir nicht mehr richtig, was genau damit gemeint war. Wir verwechseln den alten Schutzgott mit dem neuen Genie und denken, dem Ort müsste irgendeine geniale Kraft innewohnen. Um den Unterschied zum Genie zu verstehen, hilft ein Blick zurück in die Vorgeschichte dieser kleinen Götter. Es gab sie auch in Griechenland. Nur trugen sie dort einen anderen Namen. Die griechische Entsprechung für Genius heißt Daimon. Warum die Genies heute in so hohem Ansehen stehen, die Dämonen dagegen in der Hölle gelandet sind, wird noch zu klären sein, denn es hat mit dem weiteren Schicksal des Geburtstagsfestes zu tun. Immer wenn im alten Rom ein Geburtstag gefeiert wird, ist es jedenfalls nicht der des Menschen, sondern der seiner Begleitgottheit. Damit fürs Erste zurück ans Schwarze Meer, wo die Hauptperson auf eine Art doch anwesend sein kann, in ihrer göttlichen Stellvertreterin jedenfalls.

Meiner Gemahlin Geburtstag verlangt die gewohnte
   Begehung:
   kommt, meine Hände, und bringt fromm euer Opfer ihm dar!

Ganz so hat vielleicht das Fest seiner Gattin begangen
fern am Ende der Welt einst der Laërtische Held.

Da liegt Ovid vermutlich falsch, denn Odysseus, der Sohn von
Laertes, kannte aller Wahrscheinlichkeit nach kein Geburtstagsfest.

Segen spreche mein Mund, vergessend der Leiden!
Ich fürchte
nur, er verlernte schon, wirksam um Segen zu flehn;
auch das weiße Gewand, das ich einmal im Jahr nur trage,
lege ich an, das so sehr meinem Geschick widerspricht, …

Weiß galt in Rom als fröhliche Farbe, als die Farbe des Feierns.
Seiner Sammlung von Gedichten vom Schwarzen Meer hatte
der Dichter den Titel »Tristia« gegeben, also Traurige, nämlich
die Trauer über die Verbannung aus seiner Heimatstadt. Dorthin
schickt er mit dem Wind, den wir uns ebenfalls als göttlich belebt vorstellen müssen und also als gutes Omen, seine besten
Wünsche.

Schönstes Geburtstagsfest! Wie fern ich auch weil, ich flehe:
strahlend komme und nicht ähnlich dem meinen hieher!
Sollt' auch irgendein schmerzliches Weh meine Gattin
bedrohen,
sei sie für künftige Zeit durch mein Erdulden befreit!
Möge ihr Schiff, noch kürzlich durch heftige Stürme
beschädigt,
nun auf der weiteren Fahrt sicher die Fluten durchziehen!
Möge sie sich des Hauses, der Tochter erfreun und
der Heimat!
Sei es genug, dass mir Einem das alles entgeht!

In der ersten Zeile klingt das, als würde Ovid das Fest wie eine Person selbst anreden. Gerade so geht die zweite Zeile weiter, wenn er sich wünscht, es möge zu ihm kommen, und zwar strahlend, ganz anders als das seinige. Um wen handelt es sich bei dieser Geburtstag-Person? »*Optime natalis!*«, sagt der Dichter: Bester *natalis!* Das Wort »natalis« bezeichnet alles, was sich auf die Geburt bezieht. Dazu gehört der *dies natalis*, also der Geburtstag. *Natalis* steht aber auch für den *genius natalis*. Eine englische Übersetzung trifft diesen Zusammenhang besser: »*Brightest of birthday spirits, so unlike my own/I beg you, though I'm far away, be radiantly here.*« *Birthday spirit*, der Geist der Geburt, *genius natalis*, wird herbeigerufen. Er ist anwesend, auch wenn das Geburtstagskind fehlt.

Genialer Geburtstag

Um zu verstehen, was an einem Geburtstag in Rom überhaupt gefeiert wurde, müssen wir diesen eigenartigen *genius natalis* genauer betrachten. Weil sich damit Folgen verbinden, nicht nur für die Antike, sondern auch für unsere Gegenwart. Denn auch heute, nicht anders als im alten Rom, erfinden wir uns im Feiern des Geburtstags selbst. Nicht entdecken, so als würde es uns schon geben. Sondern »erfinden«, im Sinn von hervorbringen. Wir erfinden uns selbst auf eine ganz bestimmte Weise und als eine bestimmte Art von Mensch. Verbunden mit der Vorstellung eines persönlichen Genius, verstanden sich die Menschen der Antike selbst ganz anders als wir heute in der modernen Existenzform eines sogenannten Subjekts. Der Blick auf dieses ganz andere Selbstverständnis hilft uns, unsere eigene Selbsterfindung besser zu verstehen. Daher der lange Ausflug zu den so anderen Geburtstagen der Antike. Um, wenn man so will, aus der Ferne nicht nur Bäume zu sehen, sondern auch den Wald.

Dass uns der Genius der Römer so schwer begreiflich erscheint, liegt nicht daran, dass er so weit in der Vergangenheit liegt. Wir kennen schließlich genügend römische Errungenschaften, die uns noch immer ganz vertraut erscheinen: das Recht, die Gesetze oder Institutionen wie die Ehe oder eine Verfassung oder auch Straßen und die Fußbodenheizungen der Landhäuser. Vieles, was zur geistigen und technischen Infrastruktur eines Imperiums gehörte, erscheint uns ganz und gar vertraut. Der Genius gehört nicht zu diesen bis heute geläufigen Überbleibseln.

Am Geburtstag feierte der Römer nicht seine Geburt als Mensch, sondern die seines Genius. Denn Opfer und Feiern stehen nur den Göttern zu und nicht den Sterblichen. Der Unterschied zu unserer Gegenwart könnte kaum größer sein. Schon in der Spätzeit des Reiches scheinen sich die Römer ihrer Götter und Feste nicht mehr ganz sicher gewesen zu sein.

»Aber auch folgende, schon oft von manchen gestellte Frage, scheint mir, muss gelöst werden, wer nämlich der Genius ist, und warum wir gerade ihm jeweils an unserem Geburtstag Ehrfurcht erweisen.« Frage wie auch Antwort finden sich in einem Büchlein mit dem Titel: »De die natali«, also »Über den Geburtstag«. Geschrieben wurde es von einem gewissen Censorinus, und zwar im Jahr 238. Es handelte sich um ein Geburtstagsgeschenk für seinen Gönner, einen gewissen Quintus Caerellius, über den wir nichts weiter wissen, als dass ihm dieses Büchlein gewidmet ist. Offenbar stand der Autor zu seinem Gönner in einem für die spätrömische Zeit typischen Abhängigkeitsverhältnis. In Zeiten sehr ungleicher Vermögensverteilung mussten sich arme Gebildete und Dichter bei den reichen Grundbesitzern als sogenannte *clientes* andienen. Wenn es tatsächlich etwas an unserer Zeit gibt, was man als spätrömisch bezeichnen könnte, dann diese horrende ökonomische Ungleichheit. Was nicht viel später dazu führte, dass eine Gleichmacher-Religion die alten Kulte hinwegfegte und wenig später das ganze Reich so wenig inneren Halt hatte, dass es sich auflöste. Auf die neue Religion kommen wir zurück, denn sie besiegelte auch das Ende der Genien. Ob aus Schmeichelei oder aus echter persönlicher Verbundenheit, Censorinus fühlte sich seinem Herrn auch an dessen Geburtstag verpflichtet: *»Während nun sonst die Menschen nur immer ihren eigenen Geburtstag feiern, fühle ich mich jedes Jahr zu zweifachem Dienst in diesem Kult verpflichtet. Denn da ich von dir und deiner Freundschaft meine Ehre, Würde, Wertschätzung und Sicherheit, ja schließlich alles, was das Leben lebenswert macht, empfange,*

müsste ich es als Frevel ansehen, wollte ich deinen Tag, der dich für mich dem Licht der Welt geschenkt hat, mit geringerer Achtung feiern als jenen eigenen. Denn jener gab mir das Leben, dieser aber gab meinem Leben Erfolg und Auszeichnung.«

Wie wir bereits bei Ovid gesehen haben, war es keineswegs ungewöhnlich, den Geburtstag einer nahestehenden Person mit einem kleinen Opfer zu begehen. Ob anwesend oder nicht, der Genius lässt sich auch von fern her anrufen.

Die Frage, was der Genius ist, hat sich damit noch nicht beantwortet. *»Genius ist der Gott, unter dessen Schutz jeder lebt, sobald er geboren ist. Sei es, weil er dafür Sorge trägt, dass wir gezeugt werden, sei es, weil er selbst gleichzeitig mit uns gezeugt wird, oder sei es auch, weil er uns als Gezeugte übernimmt und beschützt – sicher hat er seinen Namen ›Genius‹ von ›genere‹ (zeugen).«*

Von allen Göttern, mit denen wir es heute zu tun haben, unterscheidet sich der Genius darin, dass er jedem Einzelnen ganz persönlich zugeordnet ist. So wächst also jeder Römer in der Gewissheit auf, immer von einer ganz persönlichen Gottheit begleitet zu sein. Um hier noch einmal unseren Experten Censorinus zu Wort kommen zu lassen: *»Der Genius ist uns aber als wachsamer Beschützer in der Weise beigegeben, dass er sich auch nicht den kleinsten Augenblick weiter entfernt, sondern uns von der Übernahme vom Mutterleibe an bis an den letzten Tag des Lebens begleitet.«* Das wirft eine kleine theologische Frage auf. Was geschieht nach dem letzten Tag des Lebens mit den Genien? Sterben sie, oder handelt es sich um richtige Götter, also Unsterbliche?

Mit Göttern feiern

Wenn wir davon ausgehen, dass das Selbst-Feiern etwas damit zu tun hat, wie wir uns selbst verstehen, kommen wir nicht weiter, ohne uns mit den Göttern zu beschäftigen, jedenfalls solange es sie gibt. Dabei bleibt es sich gleich, ob wir sie als Opium fürs Volk oder als höchste Wesen, als ewige Wahrheit oder kindische Fantasie ansehen. Wo es sie gab und gibt, bilden sie den Rahmen, in dem sich Menschen selbst begreifen. Für die Geschichte des Geburtstagsfestes interessiert nicht, was Götter sind, sondern was wir mit ihnen und sie mit uns tun.

In der antiken Welt nahm alles, aber auch wirklich jedes Ding, jedes Lebewesen und jedes Ereignis Anteil an der Sphäre des Göttlichen. Wer mit einem oder keinem Gott aufgewachsen ist, kann sich die Durchdringung der Welt mit einer Vielzahl von Göttern kaum mehr vorstellen. Es gibt in unserer Gegenwart nur noch eine große Kultur, die eine der Antike vergleichbare Vielzahl von Göttern kennt. Das ist die indische. Wir könnten natürlich auch behaupten, dass in unserer neuen schönen Welt der Daten all die Apps und Programme ebenfalls einen halb göttlichen Charakter angenommen haben. Die These des Science-Fiction-Autors Arthur C. Clarke, dass jede nur hinreichend intelligente Technologie von Magie nicht zu unterscheiden sein wird, hat einiges für sich. Wir werden die Zukunft unserer Selbstentwürfe, Geburtstagsfeste eingeschlossen, von dieser Seite her noch einmal betrachten. Aber lassen wir die Götter der Zukunft fürs Erste beiseite, um bei denen der Vergangenheit zu bleiben.

Wer durch Indien reist, stößt überall auf die Spuren der Götter. Ich hatte meine erste Begegnung in der Stadt Nasik in den Bergen über Mumbai. »Nasik« heißt auf Sanskrit »Nase«. Die

Ähnlichkeit kommt nicht von ungefähr, denn die alte indische Sprache gehört zur selben Familie wie die europäischen Sprachen. Die Stadt Nasik trägt ihren Namen nach einer Begebenheit der indischen Mythologie. An diesem Ort soll Lakshmana, der jüngere Bruder des Gottes Rama, der Schwester des bösen Dämons Ravane mit Namen Shurpanakha die Nase abgeschlagen haben. Nahe Nasik befindet sich die Quelle des Godavari. Von dort aus durchquert der Fluss den ganzen indischen Subkontinent von West nach Ost, um in den Golf von Bengalen zu münden. Inmitten der Stadt verbreitert er sich zu einem kleinen See.

An einem Abend spazierte ich zu diesem See. Die Ufer waren rundum mit Lichtern übersät. Ein Tempel stand neben dem anderen, davor kleine Altäre, an denen Opfer dargebracht wurden und Räucherstäbchen brannten. Oft waren die Zeremonien so von Menschen umringt, dass man nicht nahe genug herankam, um überhaupt zu sehen, was geschah. Als ich zum ersten Mal Tertullians Beschreibung des Kaisergeburtstags im Römischen Reich las, hatte ich sofort die Bilder dieser Nacht vor Augen. Ich kenne nichts, was der Vielgötterei das alten Rom näher kommt als Indien. Eine Szene fiel mir bei der Gelegenheit zum ersten Mal auf, und dann immer wieder. Inmitten des ganzen Durcheinanders sah ich hier und dort einzelne Männer oder Frauen, die ganz für sich dasaßen, abseits von den Menschenmengen allein am Rand eines Weges oder am Ufer eines Flusses. Sie brachten ein kleines Opfer dar, mit Blumen, kleinen Gaben, Kerzen und Räucherstäbchen. Sie kümmerten sich nicht um das, was um sie herum geschah, sondern schienen ganz und gar mit sich selbst beschäftigt.

Auf der Weiterreise von Nasik hatte ich Gelegenheit, meine vagen Vermutungen über den Umgang mit den vielen Göttern ein wenig zu klären. Zugfahrten in Indien dauern lange. Ich hatte ein Abteil ganz für mich gefunden und es mir dort bequem gemacht.

In einer kleinen Stadt kam ein junges Paar herein. Sie fuhren nur zwei Stationen, um Verwandte zu besuchen. Die Frau sprach ein besseres Englisch als der Mann. Ich kam bald auf das Thema zu sprechen, das mich gerade beschäftigte. Ob sie ihren Besuch nutzen würde, um Tempel aufzusuchen. Sicher, sagte sie. Welche?, wollte ich wissen, und warum? Sie begann, mir eine lange Übersicht über all die Götter zu geben, die sie zu besuchen vorhatte. Zuerst der Gott, dem ihre Familie und ihre Kaste besonders zuneigten. Dann kamen die Götter der Familie ihres Mannes. Wenn sie mehrere Tage an einem Ort bleibe, würde sie auch die Tempel aufsuchen, die dort besondere Bedeutung besäßen. Schließlich wären all jene dran, die gerade irgendwelche Feierlichkeiten ausrichteten. Nicht zu vernachlässigen seien dann noch all die Götter, die spezielle Dienste und Hilfe versprachen. Je nachdem, wie dringend das Problem war, könnte es sogar sein, dass sie sich zuerst an jene Götter wenden würde oder ihretwegen sogar eine längere Reise antreten würde.

Was mich am meisten beeindruckte, war die Haltung, die sie bei unserem Gespräch den Göttern gegenüber einnahm. Aus meiner Perspektive lässt sie sich durchaus mit der Haltung mancher meiner Freunde beim Shoppen vergleichen. Wir gehen in einen Laden nach dem anderen, je nach Angebot und Bedarf. Niemand käme auf die Idee, einem einzelnen Laden eine besondere Macht zuzusprechen. Als Konsumenten von vielen verschiedenen Göttern steht es uns gänzlich frei, uns dieser oder jener Gottheit zuzuwenden. Monotheistische Religionen lassen diese Auswahl nicht zu. Das war mir vorher nie als etwas Eigentümliches aufgefallen. Erst als die junge Frau mir freimütig erzählte, wann und wie und warum und bei welcher Gelegenheit sie ihre Wahl unter den Göttern traf, verstand ich, dass das Verhältnis zu vielen Göttern ganz anders war als zu einem. Das Göttliche war nichts, dem sie unterworfen war, sondern ein vielfältiges Menü, aus dem sie spirituelle Dienste wählen konnte.

Sicher, es mag auch unter den vielen Göttern solche geben, die Furcht zu verbreiten versuchen. Aber eigentlich blieb es ihr selbst überlassen, in welcher Form sie göttliche Dienste anrief, ob mit oder ohne Priester, ob bei einem großen Fest oder ganz für sich allein.

In einer solchen Vielgötterwelt müssen wir uns die römische Geburtstagsfeier vorstellen. Der Genius verbindet uns mit der Sphäre des Göttlichen. Daraus ergibt sich das Ritual, so wie es Ovid beschreibt. Es handelt sich um nichts weiter als eine Gelegenheit mehr, einen der vielen Götter anzurufen. Es steht jeder und jedem frei, bei dieser Gelegenheit Freunde einzuladen oder allein mit dem Gott zu bleiben. Ohne Gott aber gibt es nichts zu feiern. Nicht alle Römer begingen den Geburtstag so wie der einsame Dichter. So wie es viele Götter gab, gab es auch viele Weisen, Geburtstag zu feiern.

Der erste Geburtstag

Der erste Geburtstag der Literaturgeschichte geht dem von Ovid zeitlich lang voraus. Gefeiert wird der Geburtstag eines Zuhälters mit Namen Ballio. Wir schreiben das Jahr 204 vor Christus. 14 Jahre lang war der karthagische Feldherr Hannibal mit seinem Heer durch Italien gezogen, ohne den Angriff auf die Hauptstadt zu wagen. In höchster Not riefen die Römer das Orakel der Sibylle an. Sie gab ihnen den Tipp, sich an die Göttin Kybele zu wenden. Die Muttergöttin aus dem Land der vermeintlichen Vorfahren der Römer, nämlich Troja, sollte in der Stunde größter Bedrohung die Rettung bringen. Also besorgte man einen Meteorstein als Kultbild aus Kleinasien und begründete ein jährliches Fest zur Ankunft der Göttin in Gestalt des Steines. Fortan fand das Fest unter dem Namen »Megalesische Spiele« immer ab dem 4. April statt. Und tatsächlich gelang es im selben Jahr mit einem Gegenangriff auf Karthago, Hannibal zur Rückkehr ins heutige Tunesien zu zwingen. Drei Jahre später war der Krieg gewonnen. Das Fest fand bald solchen Zulauf, dass es auf eine Woche verlängert wurde. Das Feiern uferte so aus, dass sich der Senat im Jahr 160 veranlasst sah, eine Verordnung zu erlassen, um der Schwelgerei und Prasserei Einhalt zu gebieten. 191, zehn Jahre nach dem Ende des Krieges, wurde der versprochene Tempel der Kybele auf dem Palatin eingeweiht. Wie üblich wurden zu solch einem Anlass Theaterstücke in Auftrag gegeben und aufgeführt. Eines davon hieß »Pseudolus«.

Von dem Dichter Plautus stammen die ältesten erhaltenen Stücke lateinischer Literatur. Er gilt als Begründer der römischen Komödie. Seine Stücke folgten einem einfachen Schema. Sie übernahmen Handlungen und Figuren aus griechischen Komödien und passten sie der römischen Kultur an. Der griechisch klingende Titel »Pseudolus« heißt so viel wie Lügenbold. Pseudolus ist der schlaue Sklave, dem es gelingt, den Geburtstag des Bösewichts zu verderben. Mit dem Geburtstagsfest kommt ein typisches Element der römischen Kultur in die Handlung. Offenbar war es in dieser Zeit in Rom schon üblich, dass Privatpersonen ihre Geburtstage feierten. Mit der Verehrung irgendwelcher Götter hat der Geburtstag des Ballio wenig zu tun, sieht man einmal vom Anlass des Stückes ab. Raffgier und Angeberei sind die beiden Grundmotive, die zu seinem anhaltenden Erfolg beitrugen. Im Jahr 1962 wurde es unter dem Titel »A funny thing happened on the way to the Forum« in einer modernisierten Fassung am Broadway aufgeführt und lief dort drei Jahre lang. 1966 kam sogar ein Film heraus und lief unter dem Titel »Toll trieben es die alten Römer« auch in deutschen Kinos.

Dem Anti-Helden Ballio geht es einzig und allein darum, möglichst reich beschenkt zu werden und damit vor den Gästen des Abends angeben zu können. Zu dem Zweck setzt er sämtliche Bediensteten morgens in Bewegung. Als derben Bauernschwank würde man das Stück heute bezeichnen, im Blick auf die Verhältnisse des alten Rom müsste man von einem Sklavenschwank sprechen. Dass ein verliebter reicher Jüngling sich nicht zu helfen weiß und nur dank der List des Sklaven den Zuhälter übertölpeln kann, liest sich wie die Vorwegnahme von Hegels Figur des Herrn, dem ohne seinen Knecht nichts gelingt. Das Geburtstagsfest dient, ganz ohne Götter und Opfer, als Anlass, um die Klassenverhältnisse der römischen Republik aufs Korn zu nehmen.

Dämonen

Genien gab es schon zu Zeiten des Plautus. Auch die antiken Griechen kannten sie schon, nur wie gesagt unter einer anderen Bezeichnung. Sie nannten ihren Genius Dämon, genauer gesagt »Daimon«. Auch sie feierten die Wiederkehr ihrer Geburt, aber ganz anders als im Römischen Reich, nämlich nicht jährlich. Das führt uns zur zweiten von insgesamt drei Geburtstagsformen in der Antike.

Doch schauen wir uns erst einmal die Dämonen etwas genauer an. Einer ihrer bekanntesten Fürsprecher ist ein griechischer Philosoph. Niemand Geringerer als Sokrates hat gelegentlich von seinem eigenen und ganz persönlichen Dämon gesprochen. Sowohl Platon als auch Xenophon berichten davon. Im »Phaidros«, dem Dialog über die Seele, schildert Sokrates eine Begegnung mit seinem guten Dämon:

Als ich im Begriff war, du Guter, durch den Fluss zu gehen, hat sich mir das göttliche und das gewohnte Zeichen gemeldet, das mich immer abhält, wenn ich etwas tun will, und eine Stimme glaubte ich von dorther zu hören, die mir wehrte, von dannen zu gehen, bevor ich mich gereiniget, als habe ich etwas gesündiget gegen die Gottheit. Nun bin ich auch ein Wahrsager, kein großer zwar, sondern nur wie die, welche schlecht schreiben, so viel ich für mich selbst brauche.

Sokrates pflegte eine sehr private Verbindung zu seinem persönlichen göttlichen Gegenüber, das er in der Regel nicht als »Daimon«, sondern mit dem Begriff »Dämonisches«, *daimonion*, bezeichnete. Man wird beim Erfinder der Ideenlehre davon ausgehen können, dass er genau weiß, welchen Unterschied er hier macht. Er spricht so nämlich nicht von einem Gott, sondern von einer Art Prinzip, und zwar einem, das stets warnt oder verneint. So treffen wir den Dämon übrigens auch bei Goethe wieder, wenn er im »Faust« »vom Geist, der stets verneint« schreibt.

Genau so nämlich beschreibt Sokrates sein Verhältnis zum Dämonischen:

> dass mir etwas Göttliches und Daimonisches widerfährt, was auch Melitos in seiner Anklage auf Spott gezogen hat. Mir aber ist dieses von meiner Kindheit an geschehen, eine Stimme nämlich, welche jedes Mal, wenn sie sich hören lässt, mir von etwas abredet, was ich tun will, zugeredet aber hat sie mir nie.

Das Dämonische als ein negatives Prinzip ist nun keineswegs eine Erfindung des Sokrates. Hesiod hat in seiner Genealogie der Götter die Dämonen auf die gleiche Weise beschrieben:

> Aber nachdem nun jenes Geschlecht absenkte das Schicksal, Werden sie fromme Dämonen der oberen Erde genennet, Gute, des Wehs Abwehrer, der sterblichen Menschen Behüter, Welche die Obhut tragen des Rechts und der schnöden Vergehung, Dicht in Nebel gehüllt, ringsum durchwandelnd das Erdreich, Geber des Wohls: dies ward ihr königlich glänzendes Ehramt.

Die Dämonen sind nicht alleine. Sie leben in einer Umwelt, die alles und jedes, Dinge wie Menschen wie selbst Ereignisse in der Sphäre des Göttlichen noch einmal erfindet. Die Welt wird darin quasi verdoppelt. Das heißt nicht, dass die Leute an all diese Wesen »glauben« so wie später an den einen Gott. Heute würde man eher sagen, dass die Schicht der vielen »göttlichen Wesen« wie eine Vielzahl von Apps funktioniert. Dinge und Menschen lassen sich über ihre göttlichen Wiedergänger aktivieren, zum Beispiel am Tag der Geburt.

Dämonen und Genies sind ein und dieselben Wesen. Sie unterscheiden sich dennoch in einigen Details. Eines davon ist für uns hier interessant. Die einen feiern Geburtstag einmal im Jahr, die anderen einmal im Monat.

Dazu kommen natürlich immer noch einzelne Fälle, die gegen beide Regeln verstoßen. Der Dichter Martial macht sich in einem seiner Epigramme über einen gewissen Clytus lustig. Um mehr Geschenke zu bekommen, hat der Mann, so Martial, acht Mal im Jahr Geburtstag gefeiert.

Über die Geburtstage im alten Griechenland wissen wir kaum etwas. Sie hatten anscheinend bei weitem nicht den gleichen Stellenwert wie im alten Rom. Ein Grund könnte in der Rolle der Familie gelegen haben. Die Grundeinheit des sozialen Lebens in Griechenland war die Polis, die Stadt, und vielleicht noch das Stadtviertel. Im Römischen Reich war es die Familie. Das spiegelt sich in den Begriffen der persönlichen Götter. *Daimon* leitet sich von der Wurzel »da« her, was so viel wie geben oder verteilen heißt. Gaben und Opfer bilden das Fundament jedes Götterkults. Die »Juno« der römischen Frauen dagegen bedeutet Jugend und damit Fruchtbarkeit, und im Genius steckt das Verb *genere*, also zeugen. Im Gegensatz zum Dämonischen ist daher im Kult der Juno und des Genius die Geburt und also auch der Geburtstag schon angelegt.

Dennoch scheint es Geburtstagsfeste in Griechenland gegeben zu haben, auch wenn in den attischen Komödien, die gewöhnlich ausführlich aus dem gesellschaftlichen Leben berichten, nichts davon zu finden ist. Sie wurden einmal im Monat gefeiert. Die spärlichen Quellen legen nahe, dass sich regelmäßig Freunde getroffen haben, die am gleichen Tag des Monats Geburtstag hatten. Es wurde gefeiert, gegessen und, so schreibt Seneca, auch ordentlich getrunken. Offenbar tat man sich in Gruppen zusammen, für jeden Tag des Monats. So feierten die Tetradisten, also die am Vierten geborenen, am vierten Tag jedes Monats und alle anderen entsprechend. Das Fest selbst glich wohl eher einer zufällig zusammengewürfelten Saufrunde als einem privaten Geburtstagsfest. Auf diese Weise wurde der Geburtstag auch noch bei den Römern gefeiert. Das einzige Personenfest, das bis vor kurzem ähnliche Formen annehmen konnte, waren gemeinsame Namenstagsfeiern. In dem oberschwäbischen Dorf, in dem ich aufwuchs, kam es, so glaube ich mich dunkel zu erinnern, hin und wieder zu gemeinsamen Namenstagsfeiern einiger Johannesse oder Thomasse. Der unterschiedliche Charakter der beiden Feste ist offensichtlich. Das griechische geht von einem geteilten, gemeinsamen Anlass aus. Bei der Feier im alten Rom, und auch noch heute, handelt es sich dagegen um eine private Angelegenheit, zu der die Eigentümer des Geburtstags Freunde einladen.

Die Erfindung des Jahres

Nirgends steht geschrieben, dass man Geburtstage oder irgendetwas anderes genau einmal im Jahr und auch jährlich am gleichen Tag zu feiern hat. Wie wir gerade gesehen haben, geht einmal im Monat genauso gut. Wöchentlich wäre vielleicht übertrieben, aber nicht verboten. Warum nicht alle zehn Jahre wie andere große Jubiläen? Oder nur einmal im Leben, nämlich zur Geburt, und sonst gar nicht?

Der Termin unseres Festes ist also willkürlich, auch wenn er sich an den geläufigen Zeiteinheiten orientiert.

Diese Zeitspannen wiederum sind nicht willkürlich, sondern folgen natürlichen Rhythmen wie den Bewegungen des Planeten Erde. Hier wird die Sache spannend. Denn diese Bewegungen mussten erst einmal auseinanderklamüsert werden. Und das war gar nicht so einfach, denn die Erde vollführt nicht eine, sondern mindestens drei ganz verschiedene Bewegungen.

Um überhaupt einmal im Jahr am gleichen Tag feiern zu können, muss das Jahr vermessen werden. Wie messen wir Zeit? Wir zählen die Dauer eines Jahres in Tagen, die eines Tages in Stunden, diese wieder in Minuten und so weiter. Messen heißt nichts anderes, als eine Einheit ins Verhältnis zu einer anderen zu setzen. Das hört sich erst einmal einfach an. Wie so oft, werden die Sachen kompliziert, sobald man ein wenig genauer hinschaut.

Uns betrifft es vor allem deshalb, weil das jährliche Feiern des Geburtstags sich erst einbürgern konnte, als man die Länge des Jahres bestimmt und alle Tage sortiert und benannt hatte.

Die Sterne zu beobachten und den Jahresablauf zu verfolgen hat nichts mit abgehobener Wissenschaft, sondern sehr viel mit den Notwendigkeiten des Lebens zu tun, genau genommen denen des Überlebens in der Natur. Wer Ackerbau betreibt, sollte wissen, wann die Zeit des Aussäens kommt. Das Wetter gibt uns keine verlässlichen Hinweise. In manchen Breiten schneit es noch im Juni. Am Nil kann es schon vor der jährlichen Flut sehr heiß werden. In Indien setzt der Monsunregen immer wieder sehr plötzlich an einem bestimmten Datum ein.

Den Jahresablauf zu kennen war lebenswichtig. Schließlich konnte das Überleben eines ganzen Dorfes davon abhängen, rechtzeitig Vorräte anzulegen.

Leider hat die Natur die kosmischen Abläufe und Umdrehungen nicht besonders harmonisch eingerichtet. Die drei großen Drehbewegungen von Erde, Mond und Sonne sträuben sich gegen jeden Versuch, sie wechselseitig zu vermessen. Ein Jahr hat nicht eine bestimmte Anzahl von vollen Tagen, sondern 365 und ungefähr ein Viertel. Ein Umlauf des Mondes dauert weniger als 30 und mehr als 29 Tage. Demzufolge passen in ein Jahr auch nicht einfach zwölf Monate, sondern ein Bruchteil mehr. Solange Mathematik nicht über das Rechnen mit ganzen Zahlen und deren Brüchen hinauskam, ließen sich die Probleme der Zeitmessung nur mit Flickschusterei lösen.

Im Rechnen lag nicht das einzige Problem. Denn die Bewegungen der Himmelskörper verlaufen längst nicht so stabil und gleichmäßig, wie man sich das vorstellt. Die Erde wackelt und torkelt und eiert, was das Zeug hält. Sie beeinflussen sich auch noch wechselseitig und verändern sich im Lauf der Zeit, manche mehr, manche weniger.

Schon an der Länge des Tages stimmt etwas nicht. Denn schließlich spart der Umlauf der Erde um die Sonne im Jahr genau einen Tag. Nennen wir das den Phileas-Fogg-Effekt, nach

Jules Vernes Roman »Reise um die Erde in 80 Tagen«. Herr Fogg traf nach seiner Rechnung zu spät ein und glaubte die Wette verloren. Er hatte aber vergessen, den Tag einzurechnen, den ihm die Reise um die Welt selbst gebracht hatte.

Einen ähnlichen Effekt hat die Bewegung der Erde um die Sonne auf die Monate und auf die einzelnen Tage. Im Verhältnis zur Sonne erscheint uns unser Tag immer 24 Stunden lang. Tatsächlich dreht sich die Erde ganz für sich genommen in 23 Stunden und 56 Minuten einmal um die eigene Achse. Der Rest kommt davon, dass sich die Stellung zur Sonne jeden Tag verändert. Der Phileas-Fogg-Effekt tritt immer dann auf, wenn jemand eine Umdrehung misst, während er sich selbst ebenfalls in einer Umdrehung befindet.

Dagegen scheint die Bestimmung der Monate so einfach, dass wir uns über das Durcheinander der Monatslängen eigentlich wundern müssten. Schließlich leuchtet der Mond fast jede wolkenlose Nacht vom Himmel herab und zeigt genau an, wie es gerade um ihn steht. Unser Kalender wirkt dagegen verworren. Manche Monate dauern 31, andere 30, einer 28 oder alle vier Jahre 29 Tage. Ein mathematisch durchdachtes System sieht anders aus. Aber es gibt Gründe für die Verwirrung, astronomische und historische. Leider schwankt die Dauer eines Monats nicht nur im Kalender, sondern auch in der Wirklichkeit, und zwar ganz erheblich. Manchmal braucht der Mond länger, manchmal kürzer für einen Umlauf. Die Unterschiede betragen bis zu 13 Stunden. Das hängt damit zusammen, dass der Mond einmal näher und einmal weiter entfernt von der Erde steht und dementsprechend einmal schneller, einmal langsamer unterwegs ist, fast wie bei den Pirouetten einer Eistänzerin.

Trotzdem gibt uns der Mond gut sichtbare und klare Anzeichen für das Vergehen einer Zeitperiode. Dabei kann es durchaus zu strittigen Situationen kommen. Das zeigt die Praxis in der arabischen Welt, den neuen Monat genau dann zu beginnen, wenn die Mondsichel am Abendhimmel zum ersten Mal erscheint. Gerade weil die Umlaufzeiten derart schwanken, kann das manchmal sehr knapp werden. Das betrifft besonders den Beginn des Fastenmonats Ramadan. Reisepläne von Millionen von Pilgern wurden schon mehr als einmal über den Haufen geworfen, weil die Mondsichel sich eben doch noch nicht zeigen wollte.

Was Geburtstage betrifft, interessiert uns heute der Mond kaum noch. Die antiken monatlichen Zusammenkünfte gibt es nicht mehr. Unter Christen richtet sich nur noch ein wichtiges Datum nach dem Mond, nämlich das Osterfest. Es fällt auf den ersten Sonntag nach dem ersten Frühlingsvollmond. Sein Termin geht, im Gegensatz zu dem des Weihnachtsfestes, auf die Bibel zurück, denn Jesus wurde am Freitag der Pessach-Woche gekreuzigt. Pessach ist das wichtigste Fest der Juden und wird immer vom 15. bis 22. Nisan gefeiert. Der Name des Monats liefert uns übrigens ein Indiz dafür, woher dieser Kalender stammt. Er ist nicht hebräisch, sondern ein Mitbringsel aus dem Exil. In Babylon hieß der erste Monat Nissanu, und Neujahr fiel immer auf den ersten Vollmond nach Frühlingsbeginn. In Europa und den Kulturen des Nahen Ostens gehen so gut wie alle Kalender auf mesopotamische oder ägyptische Vorbilder zurück. Und die richteten sich oft nach dem Mond.

Zu all den Verwirrungen und Unregelmäßigkeiten im Verhältnis der Tage, Monate und Jahre kommt noch eine, die die Länge des Jahres betrifft. Wir gehen davon aus, dass wenigstens die vier Jahreszeiten in einem Umlauf der Erde um die Sonne aufgehen. Dem ist aber nicht so. Frühling, Sommer, Herbst und Winter dauern zusammen etwas weniger lang als ein kompletter Umlauf der Erde um die Sonne. Die Jahreszeiten richten sich nach der Neigung der Erdachse, und die torkelt wie bei einem Kreisel.

Die Abweichung fiel aufmerksamen Beobachtern schon in Babylon auf, allein, erklären konnten sie sich diese nicht. Kein Wunder also, dass die Konfusionen um die Länge und Ordnung des Jahres jahrtausendelang andauerten.

Die Schwierigkeiten bei der Bestimmung des Jahres beginnen damit, Wiederholungen überhaupt zu erkennen und zu wissen, an welchem Punkt des Jahresablaufs man sich befindet. Seit Urzeiten haben sich Menschen an der Position der Sterne und der Richtung, in der die Sonne auf- und untergeht, orientiert. Zum Beobachten der Sonne wurden große Bauwerke errichtet. Neben uns unbekannten kultischen Zwecken hatten sie ganz offensichtlich auch die Aufgabe, die Position des Sonnenauf- und -untergangs genau anzupeilen. Die Steine von Stonehenge bilden ohne Zweifel die berühmteste derartige Anordnung. Auch die Himmelsscheibe von Nebra lässt sich als eine Aufzeichnung lesen, die sowohl die Position der Sonne wie auch die einiger Sterne darstellt. Mittlerweile haben Archäologen noch viel ältere Stätten entdeckt. Die vermutlich weltweit älteste befindet sich nicht in einer der orientalischen Hochkulturen, die später mit Sterntafeln, Beobachtungsnotizen und Berechnungen die Grundlage für unsere heutigen Kalender legten. Sie liegt in Sachsen-Anhalt, und zwar über dem Saaletal bei der Ortschaft Goseck. Ungefähr gleich alt, nämlich knapp 7000 Jahre, scheint ein ähnliches Bauwerk in der südägyptischen Wüste zu sein. Sieben Jahrtausende sind eine enorm lange Zeit, die weit vor alle Weltwunder der Antike und vor historische Aufzeichnungen zurückreicht. Das ungeheure Alter wird begreiflich, wenn man es in ein Verhältnis zu den großen Epochen setzt. Zwei Jahrtausende ist es her, dass unser heute mit Anpassungen gebräuchlicher Kalender eingeführt wurde. Weitere gut 2000 Jahre davor hat man die ersten Pyramiden gebaut, und es wurden die ersten Aufzeichnungen über den Lauf der Gestirne angefertigt. Die Steine von Stonehenge stammen etwa aus derselben Zeit. Der Sonnenkreis bei Goseck ist noch einmal mehr als 2000 Jahre älter. Wir wissen so gut wie nichts über die Menschen, die ihn gebaut haben. Mit den viel später eingetroffenen Germanen hatten sie nichts zu tun. Seither sind Völker über Völker durch Mitteleuropa gezogen, das immer schon eine Gegend war, die von Immigranten und Flüchtlingen aller Art besiedelt wurde.

Die Anordnung der Tage

Für das Feiern eines Geburtstags spielt die exakte Länge des Jahres erst einmal keine große Rolle. Ob wir alle 30 Tage, alle 354 Tage oder alle 365,25 Tage feiern, es bleibt ein Geburtstagsfest. Um etwas Wiederkehrendes zu feiern, genügt irgendeine Regel der Wiederkehr. Um dann den richtigen Tag zu finden, braucht man eine Verwaltung der Zeit, die Tage zählt und benennt.

Die größten Schwierigkeiten bei Kalendern haben sich aus der Begegnung einer geordneten Jahresverwaltung mit dem zwar recht regelmäßigen, aber eben unordentlichen Sonnenumlauf ergeben. Hätte man sich einfach nur damit begnügt, von Jahr zu Jahr festzustellen, wann die Sonne wieder in derselben Richtung auf- und untergeht, hätte es diese Probleme nicht gegeben. Allerdings schnurrt der Planungshorizont dann eben auf exakt null zusammen. Jedes Jahr hätte man sich wieder im Heiligtum getroffen, um nachzusehen, ob die Sonne die kultische Anordnung bestätigt.

Sämtliche Kalenderverwirrungen quer durch alle Kulturen zu beschreiben würde ein eigenes Buch füllen, und zwar ein wesentlich dickeres als dieses hier. Wir betrachten also ausschließlich Jahressysteme, die für das Feiern von Geburtstagen von Bedeutung waren. Und längst nicht alle, denn die indischen, chinesischen, japanischen und arabischen Kalender und nicht zuletzt den Kalender der Mayas, der im Übrigen genauer war als der der Spanier, als sie von diesen »entdeckt« wurden, müssen wir erst einmal beiseitelassen. Nicht weil die in Europa gebräuchlichen Kalender besser gewesen wären, sondern weil sie in einer langen Geschichte von Kolonien und Imperien weltweit, mit wenigen Ausnahmen, durchgesetzt wurden.

Der heute für den größten Teil der Erde gültige Kalender geht auf das antike Rom zurück. Aber die Römer hatten ihn aus Ägypten und die Ägypter aus Babylon. Er wurde der »julianische« genannt, und zwar nach einem gewissen Gaius aus der Familie der Julier, der unter seinem Beinamen »Kaiser«, ziemlich genau so sprach man »Caesar« nämlich damals aus, bekannt wurde. Die Verfolgung seines Erzkonkurrenten Pompejus verschlug ihn im Jahr 48 vor Christus ins Zentrum des intellektuellen Lebens seiner Zeit. Das war Alexandria in Ägypten. Nur war Ägypten damals nicht wirklich ägyptisch. In der Hafen- und Hauptstadt des hellenistischen Ptolemäerreichs fanden Wissenschaftler aus aller Herren Länder zusammen, um an der größten Bibliothek ihrer Zeit zu forschen. Die Sprache von Wissenschaft und Verwaltung war Griechisch. Cäsar lief dort nicht nur Kleopatra über den Weg, die drei Jahre zuvor mit 18 Jahren den Thron bestiegen hatte. Er hatte auch einen Termin bei den führenden Astronomen seiner Zeit.

Sie halfen ihm, ein kalendarisches Problem zu entwirren. Denn die alten römischen Kalender richteten sich teilweise noch nach dem Mond. Die Abweichungen zu den Jahreszeiten korrigierte man immer wieder mit eingefügten Schaltmonaten unterschiedlicher Länge. Besonders gut scheint das nicht immer gelungen zu sein. Aus den römischen Angaben zu einer Mondfinsternis im Jahr 168 geht eine Abweichung von zweieinhalb Monaten hervor.

Cäsar heuerte den Astronomen Sosigenes an und berief unter seiner Leitung eine Kommission ein. Das Ergebnis war ein Vorschlag, der so viel wie möglich vom alten römischen Kalender beibehielt und gerade so viel wie nötig korrigierte, um ihn dem korrekten Sonnenjahr anzunähern. Zu diesem Zweck wurde dem Monat Februar, dem vorher in unregelmäßigen Abständen ein Schaltmonat namens Mercedius gefolgt war, alle vier Jahre ein Tag angehängt. Diese Regel gilt fast unverändert bis heute.

Die Namen der Monate wurden beibehalten, bis auf einen, den Quintilis. Weil Cäsar am 13. Tag dieses Monats Geburtstag hatte, gab er ihm seinen Familiennamen Julius. Ansonsten blieb alles beim Alten, Aprilius, Maius, Julius statt Quintilis, dann weiter Sextilis, September, October und so fort. Im Verlauf der Zeit versuchten noch etliche Kaiser, ihre Namen im Kalender zu verewigen, und wenn sie alle erfolgreich gewesen wären, würden unsere Monate heute Januar, Februar, März, Nero, Claudius, Germanicus, Julius, Augustus, Germanicus Caligula, Domitian, Faustina und December heißen. Nur einer hatte damit Erfolg, weshalb wir heute den Monat Sextilis nicht mehr kennen.

Cäsars Kommission hatte nach zwei Jahren ihre Arbeit abgeschlossen, und am 1. Januar des Jahres 45 ließ er den neuen Kalender einführen, nicht ohne sich selbst auch als Astronom betätigt zu haben. Sein Werk mit dem Titel »De astris«, »Über die Sterne«, ist uns leider nicht erhalten geblieben.

Jahre zählen

Mit einem System, das halbwegs brauchbar die Länge des Jahres abbildet, so scheint es, könnte nun alles Wesentliche erledigt sein. Das übersieht allerdings einen entscheidenden Punkt, nämlich das Zählen der Jahre. Die Römer benannten ihr Jahr jeweils nach den Konsuln, die jährlich neu gewählt wurden. Im Jahr der Konsuln Quintus Fulvius Nobilior und Titus Annius Luscus, das wir heute das Jahr 153 vor Christus oder vor unserer Zeit nennen, wurde der Beginn des Amtsjahres vom 1. März auf den 1. Januar umgestellt. Das halten wir noch heute so. Die Namen der Monate neun, zehn, elf und zwölf, nach den Zahlen sieben – September, acht – October und so weiter, gehen auf die Zeit vor dieser Umstellung zurück.

Welches Jahr folgt nun auf das Jahr 153 vor Christus? In unserem Kalender 152. In dem der Römer das dritte Konsulat des Marcus Claudius Marcellus und des Lucius Valerius Flaccus.

Mit einer solchen Zählung lässt sich zwar durchaus Geburtstag feiern, aber herauszufinden, der wievielte es ist, macht große Umstände. Ich stelle mir nur vor, ich würde statt mit einer Zahl auf die Frage nach meinem Geburtsjahr antworten: »Im vorletzten Jahr des Kanzlers Ludwig Erhard.« In Österreich entspricht dem das erste Jahr des Josef Klaus und in der Schweiz das des Bundespräsidenten Hans-Peter Tschudi. International wäre es das dritte Jahr des US-Präsidenten Lyndon B. Johnson. Wer will, kann mein Alter wie folgt berechnen: zwei Jahre Erhard, plus drei Jahre Kiesinger, plus fünf Jahre Brandt und so weiter. Im alten Rom behielt man die Jahresnennung nach den Konsuln bis ins Jahr 542 bei. So leicht sind einmal eingeführte Ämter und Privilegien nicht totzukriegen. Danach kam übrigens keinesfalls das heute gebräuchliche Anno Domini zum Einsatz, selbst wenn das Christentum längst zur Staatsreligion geworden war. Vielmehr behalf man sich erst einmal mit der Datierung »post Consulatem Basilii«, also dem Jahr nach dem Konsulat des letzten und nicht weiter nennenswerten Amtsträgers Anicius Faustus Albinus Basilius. Noch später übernahmen die Kaiser pro Forma zu Amtsantritt das Konsulat, und damit ging die gewohnte Jahresnennung weiter. Jahre zu zählen blieb auch nach dem Untergang Westroms noch lange eine komplizierte Angelegenheit. Für die Feier des Geburtstags macht es durchaus einen Unterschied, ob man mit Jahren rechnen kann oder nur ihre Namen kennt. Wer sie zählt, wird sich seines Alters bewusst. Das mag man für verzichtbar halten, aber es macht einen Unterschied, ob man älter wird oder nur immer wieder das gleiche Opferritual aufführt. Ein Bewusstsein des eigenen Alters bildet sich so nicht. Man ist dann entweder jung oder arbeitsfähig oder alt. Das Leben schreitet nicht voran, sondern besteht nur aus Gleichzeitigkeiten. Das hat durchaus Vorteile. Es gibt Hinweise darauf, dass sich unser heutiges Zeitbewusstsein wieder in diese Richtung entwickelt. Zeit ist nicht mehr die wichtigste Kategorie, um unsere Archive und unsere Vergangenheit zu ordnen. Man schaue sich nur einmal die Suchergebnisse in Google an. Für die Art und Weise, wie wir Geburtstag feiern, hat der Abschied von der Ordnung der Zeit Folgen.

Wer seine Kenntnisse über das Römische Reich im Allgemeinen und Cäsar im Besonderen aus einem unbeugsamen gallischen Dorf bezieht, glaubt zu wissen, dass die Römer a.u.c., *ab urbe condita*, zählten, also seit Gründung der Stadt Rom. Das stimmt leider nicht. Zwar hatte sich der Historiker Marcus Terentius Varro in der Zeit um die Kalenderreform des Cäsar die Mühe gemacht, den sagenhaften Geburtstag der Stadt Rom genau auf den 21. April jenes Jahres zurückzurechnen, das unserem 753 vor Christus entspricht. Konsuln gab es damals noch nicht, denn das frühe Rom wurde, so die alten Sagen, von Königen regiert. Deshalb zog er eine andere Zählung heran, nämlich die nach den Olympiaden, die bis in das Jahr 776 zurückreichte.

Ein Ursprungsdatum zu kennen bedeutet noch lange nicht, dass es auf die einfache Jahreszählung angewandt wird. Man blieb in Rom bei der Benennung der Jahre nach den Namen der Konsuln. Alle 50 oder 100 Jahre wurde der Gründung der Stadt mit einem pompösen Geburtstagsfest gedacht.

Während man sich in Rom also beharrlich weigerte, Jahre zu zählen, hatte man im Osten des Reiches längst eine bessere Lösung gefunden. Das ist für uns nicht ganz unwichtig, verknüpft unsere christliche Zeitrechnung doch den Jahresablauf Roms mit der Zählweise des Ostens. Man bezeichnete sie als »Seleukidische Ära« oder »griechische Jahreszählung«. Ihr Name leitet sich von Seleukos Nikator her, dem »siegreichen Seleukos«, einem Feldherrn Alexanders des Großen. Als der Eroberer des persischen Reiches starb, zerfiel sein Herrschaftsgebiet mit einer Reihe von Kriegen, aus denen Seleukos als einer von vier Herrschern siegreich hervorging. Im Jahr 312 v. Chr. eroberte er Babylon, die Hauptstadt der Sternbeobachter und Kalenderforscher, machte sie zum Zentrum seines Reiches und begann die Jahre neu zu zählen. Selbst als die Herrschaft der Seleukiden längst vorbei war, zählte man in weiten Teilen des Nahen Ostens einfach weiter. Zum Beispiel findet sich noch im babylonischen Talmud die Aufforderung, die Jahre so zu zählen wie die Griechen. Damit war die Seleukidische Ära gemeint. Sie blieb unter den sehr traditionsverbundenen jemenitischen Juden noch bis ins letzte Jahrhundert in Gebrauch.

In den Westen des Römischen Reiches drang der Kalender der Griechen nie vor. Nicht zuletzt deshalb, weil er auf dem babylonischen System beruhte, also Schaltmonate einfügte und nicht

Schalttage, und damit den ganzen eingebürgerten Festkalender des Westens durcheinandergebracht hätte. Aber wohl auch, weil er an einen lang zurückliegenden Sieg eines irgendwann von Rom halb eroberten fremden Reiches erinnerte.

Mit dem Kürzel A.D. begann man endlich auch in Westrom, Jahre zu nummerieren. Das »D.« stand dabei allerdings anfangs nicht für »Domini«, sondern für »Diocletiani«. Diokletian war ein reformfreudiger Kaiser. Er baute die gesamte römische Verwaltung um und schuf damit die rechtlichen und organisatorischen Fundamente für das spätrömische Reich. Seine Regierungszeit dauerte von 284 bis zu seinem Rücktritt im Jahr 305. Als einer der wenigen römischen Kaiser trat er freiwillig ab. Vielleicht zählten die Leute deshalb die Jahre weiterhin nach seinem Regierungsantritt.

Den Christen, die unter seinem Enkel Konstantin an die Macht kamen, passte das Kürzel A.D. nicht, weil Diokletian einer der letzten heidnischen Kaiser war. Sie schrieben stattdessen *anno martyrum*, kurz AM, Jahr der Märtyrer. Die koptische orthodoxe Kirche führt diese Nummerierung bis heute fort. Bevor auch nur ein kleiner Teil von Europa nach dem Geburtsdatum des christlichen Religionsstifters zu zählen begann, sollten noch Jahrhunderte vergehen.

Lebendiges Archiv

Wer einmal Kalender gewohnt ist, mit Jahren rechnet, Projekte in Kalenderwochen plant, Arbeit in Stunden misst und Termine als Datensatz austauscht, kann sich ein Leben ohne strukturierte Zeit kaum mehr vorstellen. Wer die Zeit ordnet, ordnet auch das Leben der Leute. In der Hinsicht stellen Kalender eine Art von Regierungstechnik dar, aber eine zum gemeinsamen Vorteil. Erst einmal haben alle etwas davon, ihre Zeiten gemeinsam auf die gleiche Weise zu zählen. Allerdings kann man es mit der Ordnung der Zeit auch übertreiben. Die klösterlichen Bet- und Arbeitsordnungen des Mittelalters sind noch ein harmloses Beispiel. Die Einführung der Kirchenuhr und das Regime das Arbeitstages schon ein weniger schönes. Im Zeitregime der Fließbandfabriken, das Leute zu Maschinen macht, wird das Ganze zur Menschenquälerei. Kalender zählen also nicht nur einfach Tage und Jahre, sondern bilden das Schema, nach dem wir den Ablauf unseres Lebens begreifen.

Die Effekte des Kalenders auf die Ordnung des Lebens und der Tätigkeiten sind subtil. Und zwar nicht, weil sie sich verstecken, sondern weil sie allgegenwärtig sind und uns gerade deshalb nicht mehr weiter auffallen. Sie erstrecken sich auf die Rhythmen unseres Lebens, auf unsere ganze Erfahrungswelt, unsere Tätigkeiten, auf unsere Vergangenheit und auf die Zukunft.

Der französische Philosoph Michel Foucault hätte ein solches Ordnungsverfahren als »Dispositiv« bezeichnet. Damit meint er nicht einfach eine passive Methode, etwas aufzuzeichnen und zu ordnen. Die Dispositive besitzen Macht. Sie formen das Leben, unsere Begriffe und die Archive. Foucault begreift das Archiv als etwas Aktives. »*Das Archiv ist zunächst das Gesetz dessen, was gesagt werden kann, das System, das das Erscheinen der Aussagen als einzelner Ereignisse beherrscht.*« Ohne die Theorien von Foucault wäre ich nie auf die Idee gekommen, dass es hinter einem gewöhnlichen Ereignis wie dem Geburtstag noch etwas zu entdecken gibt. Auf den Kalender übertragen heißt das, dass die Ordnung der Zeit vorgibt, was sich ereignen kann. Im Geburtstagsfest finden wir dafür ein anschauliches und einfaches Beispiel. Wir können einen Geburtstag nur feiern, wenn wir den Tag der Geburt archiviert haben. Und nur dann, wenn dieses Archiv eine Zeitordnung kennt, wie zum Beispiel die des Jahres und seiner Tage, können wir den Geburtstag jährlich am gleichen Tag feiern. Vorher geht das nicht.

Es gibt noch zwei weitere Auswirkungen der Archive, die wir kurz besprechen sollten, denn sie betreffen die Zukunft unserer Geburtstage.

Wann immer eine neue Ordnung eingeführt wird, sortiert sie das ganze Material neu, also auch alles, was längst vorlag. Denn sie legt nicht nur aktuell fest, was im Archiv gesagt werden kann, sondern auch nachträglich, was gesagt wurde oder was geschehen ist. Auch das lässt sich am Kalender sehr gut zeigen. Jede neue Konvention, die Zeit zu ordnen, betrifft nicht nur die Gegenwart, sondern gilt nachträglich auch für die Ereignisse der Vergangenheit. Sie müssen in das Archiv von neuem eingegliedert werden. Wenn wir sagen, dass Cäsar den julianischen Kalender im Jahr 45 vor Christus eingeführt hat, tun wir genau das. Denn wir bestimmen den Zeitpunkt seiner Reform nach einer Jahreszählung, die Cäsar selbst gar nicht kannte.

Der Kalender ordnet nicht nur das Vergangene und die Gegenwart, sondern darüber hinaus auch unsere Pläne und Erwartungen. Das betrifft Ereignisse aller Art, auch den Geburtstag.

Wenn wir erst einmal verstanden haben, dass diese Kalenderordnung zu einem bestimmten Zeitpunkt erfunden wurde, können wir auch überlegen, ob sie nicht irgendwann wieder durch etwas anderes abgelöst werden könnte. Das Ende Roms gibt uns dafür ein Beispiel. Denn es führte auch zum Ende fast aller Geburtstagsfeste.

Natalis

»Natale«, wie die Italiener Weihnachten nennen, ist der einzige Geburtstag, der nicht nur den alten Namen aller Geburtstage, »natalis«, beibehielt, sondern auch seit der Antike durchgehend gefeiert wird. *Natalis* kommt von *nascere*, was so viel heißt wie geboren werden. Ob das Fest der Christen eines der heidnischen Feste fortführt oder nicht, ist unter den Historikern umstritten. Feiertage hießen in Rom *feriae*, auch das ein Wort, das wir bis heute kennen. Von diesen Ferien gab es im alten Rom eine ganze Menge. Der Kalender zählte knapp 88 Feste, auch schon vor der julianischen Reform. Manche dauerten mehrere Tage, so etwa die Saturnalien, also das »natalis«-Fest des Saturn-Tempels. Ursprünglich fielen die Saturnalien auf den 17. Dezember. Dann wurde im Zuge der julianischen Kalenderreform der Monat Dezember um zwei Tage verlängert. Unter Kaiser Augustus bürgerte es sich ein, diese zwei Tage den Saturnalien zuzuschlagen. Bald waren drei Tage nicht mehr genug, und die Feierlichkeiten zogen sich bis zum Ende des Monats hin. Die Saturnalien waren nur eines von vielen mehrtägigen Festen. Dazu kamen noch die regelmäßigen Feiertage mit Markt alle 8 Tage. Es gab also kaum ein Datum, das nicht vor oder nach einem Fest lag. Kein Wunder also, dass Cäsar es in seiner Kalenderreform tunlichst vermied, in diesen Kreislauf der Feste einzugreifen.

Zu den im Kalender festgelegten Festen kamen Feiertage aus besonderem Anlass wie etwa Triumphzüge und Spiele. Damit nicht genug, denn es gab noch allerlei regionale oder private Feiern, worunter etwa auch Geburtstage fielen. Dass so viel gefeiert wurde, hat wohl auch damit zu tun, dass die Aufgaben so ungleich verteilt waren. Während die Sklaven den größten Anteil der Arbeit zu leisten hatten, standen auf der anderen Seite die frei Geborenen, die körperliche Arbeit geradezu als unwürdig empfanden. Das spiegelt sich im antiken Begriff der Freiheit wider. Er meint vor allem eins, nämlich befreit sein von Arbeit. Die in der Gegenwart weitverbreitete Sorge, Roboter könnten uns unsere Arbeit wegnehmen, wäre in Rom, unter den freien Bürgern jedenfalls, auf erstauntes Kopfschütteln gestoßen.

Umso mehr Zeit blieb den glücklichen Arbeitslosen, sich dem Feiern zu widmen. Eine Ausnahme, wenn auch nur als Parodie, machte das besagte Geburtstagsfest des Saturn-Tempels. Denn bei diesem Fest, das am ehesten mit dem heutigen Karneval zu vergleichen ist, erklärte man alle Regeln und Standesunterschiede für aufgehoben. Das Glücksspiel war erlaubt, Saufen und Fressen die Regel, die hochoffizielle Toga ließ man daheim, stattdessen bedeckte man den Kopf mit Filzmützen, die sonst nur freigelassene Sklaven trugen. Der Tag der Geschenke war der 19. Dezember. Das Schenken nahm während der Saturnalien einen breiten Raum ein, denn es stellte besondere Anforderungen. Die Umkehrung der Standesverhältnisse zeigte sich auch bei den Geschenken, nämlich als Understatement und Ironie.

Gerade wie der Karneval wurden die Saturnalien geliebt oder gehasst. Catull sprach scherzhaft von »*Saturnalibus, optimo dierum!*«, den Saturnalien als den besten aller Tage. Plinius der Jüngere dagegen zog sich in die entlegenen Gemächer seiner Villa vor Rom zurück.

Wenn ich mich in diesen Pavillon zurückgezogen habe, meine ich sogar von meinem Landhaus weit entfernt zu sein und habe besonders während der Saturnalien rechte Freude an ihm, wenn die übrigen Teile des Hauses von der Ungebundenheit der Tage und dem Festtrubel widerhallen, denn weder störe ich die Belustigungen meiner Leute noch sie meine Studien.

Die Saturnalien waren im Jahresablauf der wichtigste Feiertag, zumindest bis die Kaiser ihre eigenen Feste einführten. Eines davon fiel direkt auf die Tage nach den Saturnalien. Der Kult der unbesiegten Sonne, »Sol invictus«, wurde im 3. Jahrhundert kurzzeitig zur Staatsreligion und natürlich um den Tag der Wintersonnenwende herum gefeiert, also am 25. Dezember.

Diese Wiedergeburt der Sonne war bei weitem nicht der einzige *natalis*. Alle paar Tage wurde irgendwo irgendein großer offizieller Geburtstag begangen. In vielen Fällen konnte man »Geburt« übertragen verstehen, und dann bezog sie sich einfach auf die Gründung oder den Beginn von irgendetwas. So ähnlich, wie wir heute von der Geburt der Olympischen Spiele sprechen oder von der Geburtsstunde des Internets. Die Römer hielten das nicht anders. Deswegen gab es Geburtstage in großer Menge. Und sie wurden gefeiert. Man muss die Anzahl der Feste Roms allerdings nicht überbewerten. Sie gleichen dem Veranstaltungskalender einer Großstadt von heute, und der ist ähnlich ausgebucht.

Von den griechischen Vorläufern unterscheidet sich das römische Festwesen in einem Punkt ganz grundlegend. Rom ist ein Zentrum. Das Reich richtet sich auf die Stadt aus. Es gibt einen verbindlichen Kalender für alle und seit den Kaisern auch nur noch einen Herrscher. Bei den Griechen dagegen bleibt alles verteilt. Viele Städte stehen zueinander in Konkurrenz, alle feiern ihre Feste, und fast jede hat einen eigenen Kalender. Alleinherrscher, die sogenannten Tyrannen, halten nie lange durch. Nur wenige große griechische Feste sind überregional ausgerichtet und bringen die Bürger vieler verschiedener Städte und Kleinstaaten zusammen. Man weiß ungefähr, wann sie abgehalten wurden, die Olympischen Spiele etwa am zweiten oder dritten Vollmond nach der Sommersonnenwende.

In Rom dagegen setzt die Hauptstadt den Rhythmus für das ganze Reich. Für alle gilt der Festkalender der ewigen Stadt, wenn auch mit regionalen Ergänzungen. In diesem Kalender kommen die Geburtstage der Kaiser genauso vor wie die von Privatleuten. Es handelt sich zwar um eine gemeinsame Feier, aber sie hat als Kern ein einziges datierbares Ereignis, ein Zeitzentrum. Der Kalender setzt die Koordinaten dieses Zentrums. Und jeder, also auch jede Institution, versuchte, in diesem verbindlichen Kalender einen Platz für sich zu sichern.

Geburtstage gab es im Römischen Reich in großer Menge, nicht nur für Personen. Gefeiert wurde die Geburt der Stadt Rom (21. März) und ebenso der Gründungstag jeder anderen Stadt oder Kolonie. Jeder Tempel und jedes Theater feierte den eigenen Geburtstag. Auch der Tag der Amtseinführung, etwa eines Kaisers oder anderer hoher Amtsträger, trug die Bezeichnung »natalis«. Der Kaiser Hadrian ließ den Tag seiner Adoption feiern, den 9. August. Kaiser Konstantin den Aufbruch zu einem Feldzug, den 18. Juli. Selbst Konsuln wie Cicero begingen feierlich den Jahrestag der Rückkehr nach Rom. Und sogar ein Wind kam zu den Ehren eines Geburtstags. Jedes Jahr am 11. März feierte man die Geburt des Favonis, eines beständigen und günstigen Westwinds, mit dem nach dem Winter die Schifffahrt wieder begann.

Oft wurden Geburtstage mit anderen Anlässen verbunden. So achtete Cicero darauf, bei seiner Rückkehr aus Asien am 5. August sowohl den Gründungstag der Kolonie von Brindisi als auch den zufällig auf den gleichen Tag fallenden Geburtstag seiner Tochter feiern zu können. Und Pompejus wiederum wartete sieben Monate nach seiner Rückkehr von einem erfolgreichen Feldzug, um den Triumph gemeinsam mit seinem Geburtstag am 29. September begehen zu können.

Selbstverständlich wurden auch die Jahrestage großer Schlachten begangen, wenn auch als normale *feriae* und nicht als *dies natalis*. Eines von diesen Siegesfesten ist übrigens der am längsten durchgehend gefeierte Jahrestag. Am 13. Sextilis, also zwei Jahre vor seiner Weihe zum »Augustus«, dem Erhabenen, feierte Octavian, ein Großneffe Cäsars, einen dreitägigen Triumph anlässlich seines Sieges über Kleopatra und Marcus Antonius. 21 Jahre später befand er sich auf dem Höhepunkt seiner Macht und ließ den Monat Sexitilis in »Augustus« umbenennen. Noch heute feiern die Italiener den letzten Tag der *feriae Augusti* als Ferragosto. Er gilt als der Höhepunkt des Sommers, und das halbe Land fährt an den Strand. Dabei geht diese Sitte wiederum ganz und gar nicht auf den Kaiser Augustus zurück. Sein Triumph im antiken Rom hatte mit modernem Strandurlaub nichts zu schaffen. Beim Ferragosto unserer Zeiten handelt es sich um eine von vielen erfundenen Traditionen oder, besser gesagt, um eine wiedererfundene. Die italienischen Faschisten wollten ein wenig von der Herrlichkeit des alten Imperiums abgreifen und propagierten den alten Feiertag. Mit verbilligten Tickets und zusätzlichen Zügen wurden die Massen zur imperialen Erholungsfahrt an den Strand transportiert. Erst damit wurde die Feier des Ferragosto zu dem Spektakel, das sie bis heute geblieben ist.

Im alten Rom wurden übrigens auch die Jahrestage der Unglücke begangen. Drei Unglückstage waren fest in den Kalendern verankert. Der 23. Juni erinnerte an die Schlacht am Trasimenischen See, als Hannibal eine römische Armee vernichtete. Auf den 18. Juli fiel die Niederlage gegen eine keltisch-gallische Armee vor Rom fast 200 Jahre vorher. Und schließlich gab die Schlacht von Arausio am 6. Oktober, bei der Kimbern und Teutonen eine Armee Roms schlugen, Anlass zu einem weiteren *dies ater*. Auch zu den Geburtstagen kannte man ein Gegenstück, wenn auch eher im häuslichen Rahmen, wo man der Todestage von Verwandten gedachte.

Nicht immer nahmen es die Römer ganz exakt mit ihren Daten. Oft wurde der Geburtstag auf den nächsten Feiertag verlegt, also den 1. oder den 15. eines Monats. Das mag auch an den ungenauen Aufzeichnungen gelegen haben, denn die Geburtstage wurden oft nicht exakt notiert. Immerhin wissen wir, dass dafür ein Platz in den römischen Akten und Verwaltungen vorgesehen war. Bei den Griechen mag es ähnliche Aufzeichnungen gegeben haben, aber ganz sicher können wir uns nicht sein.

Kataloge

Katalogoi sind Listen, und zwar im alten Griechenland im Besonderen die Verzeichnisse der männlichen Jugend. Die Vorsilbe *Kata-* heißt »nach unten«, wie in Kata-Strophe, wörtlich »Wendung zum Niedergang«. *Logos* ist das geschriebene Wort. *Katalogos* meint also eine nach unten fortgeschriebene Wortliste. Die ersten Kataloge waren die Stammverzeichnisse der wehrfähigen Männer. Einmal im Jahr, zum Fest der Apatuarien im Herbst, wurden alle neugeborenen Kinder einer Phratrie, also einer Familiengemeinschaft oder einer Nachbarschaft, in diese Kataloge eingetragen. Der Geburtstag selbst wurde wahrscheinlich nicht festgehalten. Den genauen Tag der Geburt zu notieren oder sich zu merken blieb also der privaten Familienbuchhaltung überlassen. Wenn überhaupt, dann erinnerte man sich an ihn, weil er zufällig auf einen anderen Festtag fiel. So blieb Platons Geburtstag in Erinnerung, weil er mit dem Geburtstag des Gottes Apollo zusammenfiel, dem 7. Thargelion. Doch kann es in dem Fall genauso gut sein, dass ihm die Verbindung zum Gott der Weisheit erst nachträglich angedichtet wurde. Von dem vermeintlichen Geburtsdatum ist erst drei Jahrhunderte nach der Geburt des Philosophen überhaupt die Rede.

In Rom wurden die Aufzeichnungen zu den Geburten etwas systematischer gehandhabt. Aber auch dort wissen wir nicht genau, ob der Tag der Geburt akkurat aufgeschrieben wurde. Unter Kaiser Augustus wurden zwei Verwaltungsvorschriften erlassen, die alle legitimen Kinder mit römischer Staatsbürgerschaft betrafen, also gut die Hälfte der Bevölkerung. Deren Geburtsdaten wurden fortan notiert. Viele Bewohner, die als Zugewanderte oder Freigelassene nicht unter die offiziell anerkannten Bürger fielen, machten von der Möglichkeit Gebrauch, die Geburt staatlich bescheinigen zu lassen. Denn so erhielt das Kind immerhin einen rechtlich anerkannten Status.

In der Stadt Rom wurden diese Geburtenverzeichnisse im Aerarium Populi Romani aufbewahrt, in der Schatzkasse des römischen Volks, wo auch die Steuerlisten geführt wurden, im Finanzamt also, wenn man so will. Und dieses Finanzamt befand sich im Tempel des Gottes Saturn. So viel zur Trennung von Staat und Kirche. In Provinzstädten gab es für Listen dieser Art eine Stadtverwaltung, das sogenannte »tabularium publicum«.

In den römischen Katalogen wurde offiziell eine ganze Reihe von Angaben notiert. Vorname, Name, Zuname, Familienname des Vaters, Vor- und Zuname der Mutter, Name und Geschlecht des Kindes sowie Geburtsort und Geburtsdatum. Das alles hatte innerhalb von 30 Tagen nach der Geburt zu geschehen. Nach allem, was man weiß, gab es allerdings so gut wie keine Kontrollen. Das erklärt die Häufigkeit der Geburtsdaten um die Feiertage am 1. oder 15. des Monats.

Kaisergeburtstag

Über die Geburtstage der Adligen dagegen wurde wahrscheinlich schon lange vor der Kaiserzeit genau Buch geführt. Allerdings machte man sie erst zur Kaiserzeit zu öffentlichen Festen. So wurde der Geburtstag Cäsars erst nach seiner Ermordung groß gefeiert. Es war sein Nachfolger Octavian, der ihm zu dieser Ehre verhalf. Um Cäsar in den Festkalender zu bringen, musste er ihn zu einem »Göttlichen« erklären. Als »Divus Iulius« stieg er zwei Jahre nach seinem Tod im Jahr 42 vor Christus in die höchste Riege der römischen Stadtgötter auf. Und seit der Weihung des ihm gewidmeten Tempels, die Augustus nach seinem Triumphzug und den *feriae Augusti* im Jahr 29 vor Christus vollzog, konnte dort immer am 12. Juli dem Geburtstag des göttlichen Julius gehuldigt werden. Für die Aufnahme in den offiziellen Festkalender hätte eine einfache menschliche Existenz, und sei es die eines Imperators oder Cäsars, nicht genügt. Denn die Ehre eines großen Festes blieb den Göttern vorbehalten.

Octavian erhob seinen Großonkel und Adoptivvater nicht ganz ohne Eigennutz in den Stand eines »divus«. Denn mit diesem Schritt wurde er selbst zum »divi Iulius filius«, zum Sohn des göttlichen Julius. Das ließ er so auch auf Münzen prägen. Für sich selbst hatte er noch einen anderen Titel vorgesehen, den eines »Erhabenen«, »Augustus«. Das wiederum war nur der erste Schritt, um sich selbst noch zu Lebzeiten in den Stand der Göttlichkeit zu hieven. Ab 19 vor Christus wurden in Rom zu seinen Ehren Zirkusspiele veranstaltet, die Augustalia. Selbstverständlich wurde auch sein Geburtstag am 23. September öffentlich gefeiert. Damit begann der Kult um die Geburtstagsfeste der Cäsaren, der im Römischen Reich 400 Jahre währen sollte. Da Cäsaren als göttlich galten, und ihre Söhne üblicherweise adoptiert und dann zu Nachfolgern wurden, kam der Titel eines Gottessohns in die Welt, den nach Augustus auch noch die Kaiser Tiberius, Domitian und Nero für sich beanspruchten. Auch diesen Würdengrad kennen wir bis heute.

Ob etwa um dieselbe Zeit ein Sektenführer im Osten des Reiches mit dem Namen Jesus sich selbst mit dem gleichen Titel schmückte oder ob es seine Jünger waren, die ihm diese Ehre zuschrieben, lässt sich nicht mehr klären. Auf jeden Fall können wir uns sicher sein, dass die Bezeichnung »Gottes Sohn« zu Lebzeiten von Jesus und ebenso zur Zeit der Niederschrift der Evangelien keineswegs etwas Außergewöhnliches darstellte. Es gab sie sowohl im Judentum als auch im Römischen Reich.

Auch für die Geschichte von der Himmelfahrt Jesu finden sich Parallelen in Rom. Um Zweifel an der Göttlichkeit des Augustus zu zerstreuen, trat nach dessen Tod ein für seine Scharfsichtigkeit berühmter Mann namens Numerius Atticus auf. Er erklärte, er habe die Seele des verstorbenen Kaisers gegen Himmel ziehen sehen, und wurde dafür mit der großzügigen Summe von angeblich einer Million Sesterzen belohnt.

Weder der Titel des Gottessohns noch der Aufstieg der Seele zum Himmel war eine römische Erfindung. Schon die Pharaonen hatten sich mit dieser Nähe zum Göttlichen geschmückt, genauso die Könige der Bibel oder hellenistischer Reiche. Nur in der Stadt Rom, die zuvor Republik gewesen war und deshalb den Königstitel und alle damit verbundenen Formen der göttlichen Verehrung immer abgelehnt hatte, galt das als etwas Unerhörtes und Neues.

Der Kaiserkult erwies sich als voller Erfolg. Bald wurden die Geburtstage der Cäsaren im ganzen Reich begangen, wobei sie von den einzelnen Herrschern mehr oder weniger intensiv gefeiert wurden. Sie verdrängten manche der älteren Feiertage. Und sie sorgten dafür, dass der Festkalender, der vorher von Stadt zu

Stadt sehr unterschiedlich begangen wurde, immer mehr Gemeinsamkeiten aufwies. Je nachdem, wie gut der Kaiser angesehen war, wurden die Feiern auch nach seiner Regierungszeit noch fortgeführt.

Selbst der christliche Kaiser Theodosius ließ, sechs Jahre bevor er Kaiserkulte untersagte, an seinem Geburtstag noch große Spiele abhalten. Sein Verbot scheint sich nicht wirklich durchgesetzt zu haben. Denn auch Anthemius veranstaltete fast ein Jahrhundert später, kurz vor dem Ende Westroms, Spiele zu seinem Geburtstag. Die Kaiserfeste betrafen nicht nur die Stadt Rom, sondern setzten sich als überregionale Feste im ganzen Reich durch. Zum Gott erhoben und gefeiert zu werden war übrigens nicht nur Männern vorbehalten. Die Gattin von Augustus, die in seiner späteren Regierungszeit erheblichen Einfluss hatte, wurde nach ihrem Tod ebenfalls als Diva Augusta verehrt. Caligula ließ seiner Lieblingsschwester, Drusilla, im ganzen Reich als »Panthea« – »Allgöttin« – huldigen. Im Jahr nach ihrem Tod wurde zu ihren Ehren einer der opulentesten Geburtstage der Cäsarenzeit gefeiert. Das Fest dauerte, ebenso wie die Feiern zum Geburtstag des Augustus, zwei Tage lang. Sie begannen, so berichten uns die Quellen, mit Pferderennen, dann folgten die seinerzeit sehr beliebten Tierhetzen. Dafür wurden am ersten Tag 500 Bären und am nächsten 500 »afrikanische Bestien« niedergemetzelt. Von der alten Vorschrift, die für Genien und häusliche Götter blutige Tieropfer verbot, war keine Rede mehr.

Neben den ausufernden offiziellen Zirkusspielen der Hauptstadt müssen die Geburtstage der Kaiser ein sehr populäres Fest gewesen sein, das allerorten im Reich begangen wurde. Eine der detailliertesten Schilderungen stammt von Tertullian, einem frühchristlichen Autor, der am Ende des 2. Jahrhunderts lebte. Als Christ verteufelte er die ausschweifende Feierei. Aber als Anwalt verteidigte er zugleich den römischen Staat. In seiner

Schrift gegen die Spektakel der Kaiserfeste hinterließ er eine lebhafte Schilderung der volkstümlichen Feierlichkeiten:

> Die Christen gelten also deshalb für Feinde des Staates, weil sie den Kaisern keine sinnlosen, lügenhaften und vermessenen Ehrenbezeugungen zollen, weil sie als Anhänger der wahren Religion auch die Festlichkeiten der Kaiser mehr im Herzen als durch Ausgelassenheit feiern. Fürwahr, ein großer Ehrendienst ist es, Räucherpfannen und gepolsterte Pfühle auf die Straßen herauszutragen, gassenweise zu schmausen, die ganze Stadt in eine Garküche zu verwandeln, den Straßendreck nach Wein duften zu lassen, in hellen Haufen herumzulaufen zu Schabernack, Schamlosigkeit und schändlicher Unzucht! So also wird der allgemeinen Freude Ausdruck gegeben durch eine allgemeine Entwürdigung! (…) Unsittliche Zügellosigkeit wird also als Pietät gegen ihn, Gelegenheit zur Ausschweifung als religiöse Ehrfurcht ausgegeben werden! O, wir sind mit Recht zu verdammen! Warum begehen wir auch den Tag der feierlichen Gelübde und der kaiserlichen Festfreude durch Keuschheit, Mäßigkeit und Rechtschaffenheit?! Warum behängen wir auch an dem Freudentage unsere Türpfosten nicht mit Lorbeerkränzen und trüben nicht das Tageslicht durch Lampen?! Seinem Hause, wenn eine öffentliche Festfreude es verlangt, den Aufputz eines neueröffneten Hurenhauses zu geben, das gilt als anständig.

Tertullian gibt sich große Mühe, die Feste als verwerflich und unsittlich darzustellen, aber gerade deshalb vermittelt uns seine Beschreibung einen Eindruck von der lebhaften Ausgelassenheit. Größer allerdings könnte der Gegensatz zum häuslichen und einsamen Ritual des Dichters Ovid nicht sein. Hier sind wir am anderen Ende des Geburtstagsfestes angekommen, beim öffentlichen Spektakel, das einem weit entfernt lebenden gottgleichen Kaiser gilt.

Unser heutiger Geburtstag liegt zwischen diesen beiden Extremen. Wir feiern weder das einsame Gedenken an eine im Zweifelsfall sogar abwesende Person noch das öffentliche Fest. Im alten Rom hat es die private Feier des Geburtstags die ganze Zeit über gegeben. Freunde wurden nach Hause eingeladen und bewirtet. Oft wurde vor dem Haus auf der Straße gefeiert. Lampen, Fackeln und Kerzen beleuchteten die Tische. Man trug Gedichte oder Geburtstagssprüche vor. Es gab Kuchen und Geschenke. Das alles würde sich kaum weiter von unseren heutigen Geburtstagen unterscheiden, wenn es nicht unter der spirituellen Obhut der Genien stattgefunden hätte. Nicht, dass sich dadurch der Charakter des Feierns groß geändert hätte, aber das Geburtstagsfest war doch in einen anderen Rahmen eingefügt.

Was sich ändert, ist ein wenig abstrakter, aber dennoch gegenwärtig. Wir feiern etwas anderes als ein rein persönliches Fest, wenn der Anlass an etwas Göttliches geknüpft ist, und sei es noch so eingebunden in das alltägliche Leben. Als die Erinnerung an die vielen Götter verschwand, weil sie durch einen einzigen Gott ersetzt wurden, musste auch die im personifizierten Genius begründete Form des Feierns vergehen.

Christen

Im Jahr 392 erließ Kaiser Theodosius ein Verbot aller heidnischen Kulte. Darunter fiel auch die göttliche Verehrung der Kaiser, ebenso die Rituale zu Ehren vieler kleiner häuslicher Götter, darunter auch Juno und Genius. Das Verbot scheint nicht besonders erfolgreich gewesen zu sein. Manche Historiker bezweifeln sogar, ob es überhaupt Versuche gab, es durchzusetzen. In zeitgenössischen Berichten wird es nicht erwähnt. Die Staatskirche und die mit ihr verbundenen Kulte liefen weiter wie gewohnt. Noch 50 Jahre später mischen sich in einem Festkalender Feiertage aller Art in einem wilden Nebeneinander. 20 Geburtstage von Kaisern sind aufgeführt, deutlich mehr als die Gedenktage an christliche Märtyrer. Gegen Jahresende finden sich zum Beispiel am 25. Dezember der Geburtstag Jesu, am 26. der Gedenktag an den Märtyrer Stephanus und am 29. der Geburtstag des Kaisers Titus.

Das ändert nichts daran, dass Geburtstagsfeste bei den Christen schlecht angesehen waren. Der Schriftsteller Origenes führte die Heilige Schrift ins Feld, um gegen Geburtstage zu wettern. In der Bibel feiern nur Sünder Geburtstag, der Pharao und Herodes. Die beiden anderen Geburtstage, die sich noch im Buch Hiob und dem zweiten Buch der Makkabäer finden, erwähnte er nicht, obwohl sie das Fest gleichfalls in kein gutes Licht rücken. Im zweiten Buch der Makkabäer dient der Geburtstag als warnendes Beispiel, wie Juden zu fremden Ritualen genötigt werden. Dem Propheten Hiob bringt er, wie nicht anders zu erwarten, eine weitere furchtbare Bestrafung. Er verliert seine Söhne, als deren Geburtstagsfestgesellschaft unter dem einstürzenden Dach eines Hauses begraben wird. Daraus zieht er, wie es sich für den

Pessimisten unter den Propheten gehört, die Konsequenz, den Tag seiner Geburt zu verfluchen: »*Ausgelöscht sei der Tag, an dem ich geboren bin, und die Nacht, da man sprach: Ein Knabe kam zur Welt! Jener Tag soll finster sein, und Gott droben frage nicht nach ihm! Kein Glanz soll über ihm scheinen! Finsternis und Dunkel sollen ihn überwältigen und düstere Wolken über ihm bleiben, und Verfinsterung am Tage mache ihn schrecklich.*«

Trotzdem finden sich unter den frühen Christen nicht nur ablehnende Stimmen zum Geburtstagsfest. Vom Kirchenvater Augustinus sind zwei sehr verschiedene Ansichten über den Tag der Geburt und das Feiern des Geburtstages überliefert. Da mit der Geburt auch die ursprüngliche Sünde in die Welt käme, mit der wir Menschen nun einmal beladen sind, gibt es an diesem Termin eigentlich nichts zu feiern. Anders dagegen am Todestag, denn mit dem Tod kommt die Erlösung. Dennoch konnte er der Geburt auch eine gute Seite abgewinnen. Schließlich sorgt sie dafür, dass wir überhaupt zur Erkenntnis Gottes kommen können. Insofern, so der Kirchenvater, sei es vertretbar, Gott für die Geburt zu danken und den Geburtstag zu feiern.

Christliche Realpolitik gewann immer mehr die Oberhand, je weiter die Religion in den Rang eines offiziellen Kultes aufstieg. Im 5. Jahrhundert hatten sich die Kirchenoberen schon mit den Geburtstagsfeiern der Herrschenden abgefunden und forderten nur noch, es nicht allzu sehr zu übertreiben:

Bei der Feier der Geburtstage haltet Maß in der Freudenstimmung. Christus sei bei unseren Festmählern zugegen. Durch die würdige Sittsamkeit des Mahles werde die Natur geehrt, die euch zum Leben gebar. Die Freude des Mahles erstrecke sich auch auf die Armen; eure Familie sei fröhlich in reiner Zucht. Das Gift der Tänzerinnen, die Lockungen der Sänger, die Schwüle der Vergnügungen, die Belastung des Bauches, die Zerrüttung des Geistes mögen beendet sein mit dem Festgelage der Herodias, damit unsere gegenwärtige Fröhlichkeit übergehe in die ewige Freude.

So mahnte Petrus Chrysologus, in der Mitte des 5. Jahrhunderts Bischof in Ravenna, der damaligen Residenz der weströmischen Kaiser.

Wie es das gemeine Volk mit dem Geburtstag hielt, wissen wir nicht. Die Kulte der alten Götter wurden mehr und mehr zurückgedrängt. Das dürfte auf lange Sicht zur Folge gehabt haben, dass die Verehrung persönlicher Genien nachließ. Damit verlor der normale Bürger den göttlichen Rückhalt, um sich selbst privat zu feiern.

Ansonsten jedoch übernahmen die Christen von den alten Römern eine ganze Menge an Geburtstagsfesten. Viele Anlässe wurden teils überschrieben und ersetzt, aber oft so, dass ihr Charakter als »natalis« erhalten blieb. Man feierte etwa die *natalis reliquiarum*, also den Tag, an dem eine Reliquie an einen Ort überführt wurde. Oder den *natalis templi*, aber nun für die Einweihung einer Kirche. Der Weihe eines Bischofs oder Priesters wurde nun jährlich am *natalis diaconi* oder *presbyteri* oder *episcopi* gedacht. Es gab den *natalis monachi* als Gedenktag des Eintritts ins Kloster. Sogar der Tod konnte als Geburtstagsfest zelebriert werden, nämlich der Todestag eines Heiligen als *natalis sanctorum*. Der Begriff »natalis« hatte seine Bedeutung erweitert und stand nun für Gedenkakte und Jubiläen aller Art. Zum größten aller *natalis*-Feste, das heute noch in Italien schlicht »natale« heißt, wurden der Vorabend und der Tag des 25. Dezember.

Weihnachten

Was die Zählung der Jahre betrifft, gibt es heute kaum einen wichtigeren Geburtstag als den des Jesus von Nazareth. Und das, obwohl der Feiertag anfangs auf eine ziemlich verworrene Art und Weise zustande kam, das Jahr gar nicht unbedingt das Geburtsjahr Jesu bestimmen sollte und das Datum ziemlich sicher falsch ist. Fast auf dem ganzen Globus zählt man ab diesem falsch berechneten Jahr eins, sieht man einmal von arabischen Staaten ab. Auch wenn dieser Kalender unbestreitbar ein koloniales Erbe darstellt, gibt es gegen ihn wenig Widerstand. Höchstens dass man versucht, das »nach Christus« durch unverfänglichere Angaben wie zum Beispiel »vor unserer Zeit« oder »Common Era« zu ersetzen.

Um diesen wichtigsten aller gefälschten Geburtstage nachzuvollziehen, haben wir eine dreifache detektivische Arbeit vor uns. Erst einmal gilt es zu verfolgen, wie und warum die Gelehrten des 4. Jahrhunderts nach Christus auf einen Geburtstag kamen, der so gut wie sicher falsch ist. Dann könnten wir ein wenig mitspekulieren, welches wohl der richtige Geburtstag sein mag. Und schließlich müssen wir noch der Frage nachgehen, warum überhaupt Christi Geburtstag weiterhin an Weihnachten gefeiert wird.

Das Datum der Geburt von Gottes Sohn ist eine recht späte Erfindung. In den Festkalendern von Konstantinopel taucht Weihnachten ab den sechziger Jahren des 4. Jahrhunderts auf. Einer der ersten Weihnachtsgottesdienste, der uns überliefert ist, fand um das Jahr 386 in Antiochia statt, seinerzeit eine der wichtigsten Städte im Oströmischen Reich. Es gibt sie heute noch. Sie heißt Antakya und ist eine türkische Provinzstadt unweit des

Mittelmeeres an der Grenze zu Syrien. Dort hielt einer der bekanntesten Priester seiner Epoche, Johannes »Goldmund« Chrysostomus, eine Predigt zur Einführung des Weihnachtsfestes. Nun ist allein der zeitliche Abstand zum Anlass der Feier gewaltig. Es wäre ungefähr so, als würden wir heute damit beginnen, den Geburtstag eines sehr berühmten Mannes aus der Zeit des Dreißigjährigen Krieges feiern zu wollen.

Es gab damals für dieses Fest keine überlieferte Tradition. Das Weihnachtsfest wurde ganz neu erfunden, als die christliche Kirche allmählich zur Staatskirche aufstieg und allgemeinverbindliche Rituale brauchte, um sich im Leben der Gläubigen zu festigen. Der Geburtstag des Gottessohnes gehört dazu. Wir haben es also einmal mehr mit der nachträglichen Erfindung einer Tradition zu tun.

Um den Termin des Festes und der Geburt gab es jahrhundertelange Querelen. Noch heute feiert die orthodoxe Kirche am 6. Januar, während sich fast alle anderen Christen für den 25. Dezember entschieden haben. Mittlerweile sind sich die meisten Religionswissenschaftler darin einig, dass weder das Jahr noch der Tag der Geburt stimmen kann.

Was das exakte Datum anbelangt, finden sich sehr viele widersprüchliche Annahmen. Als wahrscheinlich galt lange ein Datum im Frühling, und zwar einfach deshalb, weil nur dann die Lämmer auf die Welt und die Schafe auf die Weide kommen. Aber diese Geschichte hat einen Haken, wie wir gleich sehen werden.

Noch recht am Anfang der Feiern kam von verschiedenen Seiten der Vorschlag, Jesu Tod und Geburt auf denselben Tag zu legen. Dann kam die Idee auf, er könnte auch an dem Tag gestorben sein, an dem seine Empfängnis geschehen war. Das bringt uns dem Weihnachtstermin schon um einiges näher. Allerdings feierten damals die Christen im Westen des Reiches Ostern früher als die im Ostteil. Daraus ergaben sich im weiteren Verlauf der Berechnungen auch die unterschiedlichen Geburtsdaten, nämlich der 25. Dezember im Westen und der 6. Januar im Osten.

Der Prediger »Goldmund« hatte aus einer recht verzwickten Verknüpfung verschiedener Bibelstellen einen exakten Termin errechnet. Seine Beweisführung geht wie folgt. Ein gewisser Zacharias, von dem unser Prediger annimmt, er sei ein Hohepriester gewesen, habe im Tempel die Weissagung eines Engels empfangen. Da er sich aber nur einmal im Jahr, nämlich zum Laubhüttenfest, ins Allerheiligste begebe, müsse diese Weissagung bei der Gelegenheit erfolgt sein. Das Laubhüttenfest fällt auf den Monat Tischri, den ersten des jüdischen Kalenders, genauer auf die Woche zwischen dem 15. und 22. Tischri. Im julianischen Kalender entspricht das einem Datum zwischen Ende September und Anfang Oktober. Aus nicht näher erläuterten Gründen wählte Herr Goldmund den 25. September aus. Zacharias wurde also an diesem Tag mitgeteilt, dass seine Ehefrau schwanger sei. Daraus ergibt sich um einige Ecken der Rest wie folgt. Schließlich kennen wir aus der Bibel das Gespräch von Gottesmutter Maria mit dem Engel der Verkündigung: »*Und siehe, Elisabeth, deine Verwandte, ist auch schwanger mit einem Sohn, in ihrem Alter, und ist jetzt im sechsten Monat, von der man sagt, sie sei unfruchtbar.*« Da dieses Gespräch demzufolge sechs Monate nach der Empfängnis der Elisabeth stattgefunden hat, steht der 25. März als der Tag der Empfängnis Mariae fest. Und genau neun Monate später wurde Christus geboren, am 25. Dezember. Q. e. d., wie der Mathematiker sagen würde. Wohl kaum ist ein Geburtstag jemals aus einem derartigen Wust unbewiesener Vorannahmen so messerscharf geschlossen worden. Aber es wird noch besser, denn die Berechnung des Geburtsjahres steht ja noch aus.

Immerhin war auf diese Weise ein Termin »wissenschaftlich« ermittelt. Der Glaube an Zahlen und Experten wirkte damals so gut wie heute. Dass der Dienst des Zacharias im Tempel also auch an jedem anderen Tag hätte stattfinden können, lassen wir beiseite. Dass Schwangerschaften unterschiedlich lang dauern, ebenso. Die Wahrscheinlichkeit, dass ein Kind an einem anderen Tag als dem Stichtag nach genau neun Monaten zur Welt kommt, liegt bei ungefähr 96 Prozent.

Gehen wir einen Moment zur dritten Frage, warum dieser Tag und kein anderer, bevor wir noch einmal auf die Frage nach dem wahren Geburtstermin zurückkommen.

Hin und wieder wird behauptet, die notorisch griesgrämigen und vergnügungsfeindlichen Christen hätten einfach ein schönes römisches Fest umwidmen und kaputtweihen wollen, um die Heiden aus ihrem Kalender herauszumobben. Das ist mittlerweile umstritten. Da im römischen Jahresablauf praktisch an jedem zweiten Tag ein Fest gefeiert wurde, ist es fast unmöglich, einen Termin zu finden, der nicht irgendeinem Feiertag in die Quere kam. Nun ist der 25. Dezember aber tatsächlich ein besonderes Datum. Er folgt den Saturnalien, dem wichtigsten und wildesten heidnischen Fest. Wenn man also einem allzu bunten Treiben ein Ende setzen wollte, bot der Tag sich an. Außerdem war derselbe Termin zumindest zeitweise von dem Fest des Gottes Sol Invictus besetzt. Auch das könnte ein Motiv gewesen sein, die Feier des Gottes, der besonders eng mit den Kaisern und deren Herrschaft verbunden war, symbolisch umzudeuten. Nachweisen lässt sich das nicht.

Es dauerte offenbar eine ganze Weile, bis sich das neue Fest durchsetzte und die alten Kulte tatsächlich verdrängt hatte. Augustinus berichtet vom Anfang des 5. Jahrhunderts, dass die Sonnwendfeiern wie eh und je begangen werden, ohne dass sich allzu viele Leute um den Geburtstag Christi scheren. Ähnlich beklagt sich weitere hundert Jahre später der Prediger Caesarius von Arles darüber, dass die Leute immer noch Sonnwendfeiern abhalten, und warnt vor rituellen Bädern in Flüssen und dem Singen verwerflicher Lieder. Es dauert sehr lange, einmal verwurzelte Institutionen und Rituale vollkommen zu vergessen. Meistens kommt es zu einer Verschmelzung. Das Alte geht weiter, das Neue kommt dazu. Irgendwie macht man beides, und oft bemerkt man nicht einmal, dass sich etwas verändert hat.

Von den Festen des alten Rom bis zum heutigen Weihnachten ist es ein weiter Weg. Wahrscheinlich hat unser Weihnachtsfest nicht mehr sonderlich viel mit dem zu tun, was am Anfang gefeiert werden sollte.

Immer jedoch diente der Geburtstag Jesu als Vorbild für die privaten Geburtstagsfeiern. Vermutlich wäre es wesentlich schwerer gefallen, Geburtstagsfeste wieder einzuführen, wenn nicht dieser eine große Geburtstag am Abend des 24. und am Tag des 25. Dezember die ganzen tausend Jahre seit dem Ende des Römischen Reiches hindurch überlebt hätte.

Von Dämonen und Personen

Genien wie Dämonen haben die Antike überlebt, wenngleich in anderer Gestalt. Jedenfalls verstehen wir heute unter beiden Begriffen noch etwas, wenn auch etwas ganz anderes als damals. Als genial gilt uns jemand, die oder der etwas Großartiges hervorbringt oder erfindet. Die Dämonen dagegen sind zu bösen Geistern geworden. Der Gegensatz ist umso bemerkenswerter, da beide Worte einmal fast dasselbe meinten.

Es gab schon in der Antike einige kleine Unterschiede zwischen Genien und Dämonen. Dass die einen Geburtstag feiern, die anderen nicht, haben wir schon erwähnt. In Griechenland galten die Dämonen eher als eine moralische Instanz und nicht einfach als Parallelwesen. Den guten »Agathodämonen« standen die schlechten »Kakodämonen« gegenüber. Bei Sokrates haben wir gelernt, dass sein Dämon ihm nie zuriet, sondern nur im richtigen Moment von etwas abriet.

Wie kommt es aber nun, dass die Genies eine derartige Karriere hinlegten, während Dämonen ihr Ende in der Hölle fanden? In der Vorstellung der Griechen war die Aufgabe des persönlichen Schutzgottes mit dem Tod des Menschen nicht erledigt. Platon selbst gibt darauf einen Hinweis: »*Es wird gesagt, dass, wenn ein Mensch gestorben ist, der Daimon eines jeden, der ihn während seines Lebens sich zugelost erhalten hat, diesen nach der Stätte führe, wo die Seelen abgeurteilt werden.*« Diesen Ort kennen die Griechen als »Hades«, die Unterwelt. Die Christen machten aus dem Hades der alten Griechen eine Hölle, also einen Ort des Bösen. Dann ergibt sich der Rest von selbst. Alle Dämonen enden in der Hölle. Die Hölle ist der Ort des Bösen, also sind alle Dämonen schlecht.

Im Gegensatz zu den Griechen kannten die Römer keinen ausgesprochenen Kult der Unterwelt. Pausanias, der in der römischen Kaiserzeit das alte Griechenland bereiste, wunderte sich über die dort häufig anzutreffenden Eingänge zum Hades. *»Es ist außerdem nicht leicht, zu glauben, dass es eine unterirdische Wohnung der Götter gibt, wo sich die Seelen der Verstorbenen versammeln.«* Die Römer gedachten durchaus ihrer verstorbenen Ahnen, aber nicht an gemeinsamen Orten, sondern privat im eigenen Haus. Das Gleiche gilt für den Geburtstag. Die Römer feiern ihn rund um die Familie und als häusliches Ereignis, im Gegensatz zu den Griechen, deren Feste immer von einem gemeinsamen Anlass ausgehen.

Das Christentum ließ die römischen Genien in Frieden. Deren griechische Parallelwesen dagegen wurden im wahrsten Sinn des Wortes »dämonisiert«. Als eine der guten Taten Jesu erwähnen die Evangelien das Austreiben böser Geister. Dass »Genius« und »Dämon« einmal dasselbe meinten, verliert sich spätestens in der lateinischen Übersetzung. Sie gibt das griechische Wort »daimon« ganz einfach mit dem gleichlautenden »daemon« als Lehnwort wieder. Die Genien sind damit aus dem Spiel.

Noch bis zu ihrem Verbot müssen die römischen Hausgötter, die Götter des kleinen Mannes jenseits des offiziellen Kultes, eine sehr zahlreiche Anhängerschaft gehabt haben. Sonst hätte sie Theodosius nicht explizit in seinem Verbot der heidnischen Kulte aufgeführt. Doch die Genien hielten sich nicht an das Verbot. Und sie kamen auch deshalb damit durch, weil sie kein fester Bestandteil der römischen Staatsreligion waren, sondern sich in die privaten Behausungen zurückziehen konnten. Dort überlebten sie, fast wie eine Tierart, die ansonsten ausgerottet worden wäre.

Tatsächlich besaßen die Genien ein tierisches Merkmal. Genau daran erkennen wir ihre Nachfolger auch wieder. Denn es gibt sie nach wie vor. Ihr Lebensraum hat sich seit einigen Jahrhunderten von den Privathäusern in die Kirchen verlagert.

Als menschliche Wesen mit tierischem Körperfortsatz gehören die Genien einer frühen Schicht der antiken Götter an, im Gegensatz zu den späteren Göttern, die ganz die Gestalt von Menschen haben. Es handelt sich um Mischwesen oder Chimären, die halb Mensch, halb Tier sind. Dazu gehört die Sphinx als Löwe mit Menschenkopf oder der Gott Pan, halb Ziegenbock, von dem die christliche Ikonografie den Bocksfuß und die Hörner des Satans übernahm. Die Genien sind viel unschuldiger und viel weiter verbreitet. Wir finden sie auf vielen Wandgemälden römischer Häuser als kleine, putzige, manchmal etwas kindliche und pummelige Wesen. Aber sie sind auch halb Tier, denn meistens tragen sie Flügel.

Die geflügelten Wesen haben unter den Christen nicht nur überlebt, sondern sich ganz beachtlich vermehrt. Es gibt kaum eine barocke Kirche, deren Deckenfresken sie nicht in großen Mengen schmücken. Die Wissenschaft der Engel, die sogenannte Angelologie, wurde im Mittelalter ein ausuferndes Forschungsgebiet der theologischen Dogmatik. Wir wollen uns nicht weiter damit beschäftigen, wie viele Engel es gibt, ob sie Körper haben oder ganz immateriell nur Botschaft sind. Denn die eine für uns wichtige Tatsache steht fest. In ihrer Existenzform als Engel haben die Genien aufgehört, Geburtstage zu feiern. Nicht einmal die persönlichen Schutzengel, die den alten Genien als halb private Begleiter am nächsten stehen, kennen ein Geburtstagsfest.

Um das Überleben der Genien in Gestalt der Engel hat sich ein Gelehrter um das Jahr 500 herum verdient gemacht. Da er lange und erfolgreich versuchte, sich als direkter Schüler des Paulus auszugeben, kennen wir seinen wirklichen Namen nicht.

Trotzdem wurde seine Schrift über die Hierarchie des Himmels ein frühes Standardwerk der Engelswissenschaft. In diesem Buch entfaltet er ein buntes Sammelsurium von göttlichen Wesen, das mit dem alten Pantheon der Götter locker mithalten kann, wenn auch alles formell nun unter der Einheit eines einzigen Gottes steht. Da er nicht nur sich selbst von Paulus, sondern auch sämtliche Engel unter weitläufiger Umgehung irgendwelcher heidnischer Referenzen aus dem Alten Testament herleitete, fiel es den Christen leicht, all seine himmlischen Wesen zu akzeptieren. Das Überleben der Genien als Schutzengel war damit langfristig gesichert. Im 12. Jahrhundert versprach der Scholastiker Honorius von Autun den Gläubigen, dass jeder Seele mit ihrer Geburt ein persönlicher Schutzengel zugeteilt werde. Näher kann man als Christ an die Vorstellung des römischen Genius nicht heranrücken. Trotzdem war es den Schutzengeln und den ihnen zugeordneten Seelen und Menschen nicht vergönnt, wie die Genien Geburtstag zu feiern. Nicht nur, weil sie das Datum nicht kannten, sondern auch, weil das Feiern im Christentum unter Kontrolle der Kirchen stand und nicht einfach wieder Privatleuten überlassen werden sollte.

Mit Dämonen, Genien und Engeln ist die Genealogie der menschlichen Parallelwesen keineswegs zu Ende. Es fehlen noch mindestens drei weitere. Alle drei gibt es bis heute, und sie haben durchaus Macht über uns. Die Figur des Genius hat gezeigt, wie die Feier des Geburtstags mit solchen Parallelwesen zusammenhängt. Wo es sie gibt, feiern sie meistens auf irgendeine Weise mit. Bei den moderneren dieser Figuren handelt es sich um die Seele, die Person und das Subjekt. Die Seele datiert am weitesten zurück. Für unsere Fragen müssen wir nicht genauer auf die Erfindung und die Geschichte der Seele eingehen. Eines aber steht fest. Da sie als unsterblich gilt, kennt sie keinen Geburtstag. Die Seele ist für uns vor allem deshalb wichtig, weil sie von der neuzeitlichen Figur des Subjekts abgelöst wird. Genau genommen nimmt ihr Schicksal schon lange vor der Erfindung des Subjekts eine traurige Wendung. Die alten Märchen berichten uns in vielen Fassungen, was mit ihr geschah. Die Seele wurde verkauft, vorzugsweise an ein dämonisches Wesen namens Teufel. Wir können diese Geschichte durchaus wörtlich nehmen. Viele Märchen berichten nämlich von nichts anderem als dem Einbruch der Geldwirtschaft in die bäuerliche Existenz. Aus dem Zusammentreffen von Geld und Seele entstehen die Voraussetzungen für die Wiedererfindung des Geburtstags. Deshalb müssen wir uns das Ganze genauer ansehen. Denn der Verkauf der Seele fand tatsächlich statt, und zwar durch die sogenannten Ablassbriefe des 16. Jahrhunderts. Mit diesen Verträgen ließ die römische Kirche die Gläubigen ihr Seelenheil käuflich erwerben. Der Deal mit dem Teufel spiegelt diesen Ablasshandel einfach nur wider. Wenn wir für die Reinigung unserer Seele schon Geld bezahlen, warum sollten wir dann nicht etwas verdienen können, indem wir sie schmutzig machen? Wir werden auf dieses Geschäft zurückkommen. Der erfolgreiche Handel mit der Seele läuft über eine weitere Parallelfigur, die es schon sehr lange gibt und die sich während der meisten Zeit der Antike sehr bedeckt hielt.

»Person« ist ein unterschätzter Begriff, der bis heute große, wenn auch versteckte Macht hat. In der heute gültigen Bedeutung handelt es sich um eine wirkliche Neuerfindung aus dem römischen Rechtsdenken. Die griechische Sprache kennt nichts, was dem Begriff der Person entsprechen würde, jedenfalls in der Rechtsgeschichte.

Das Wort »Persona« kommt vom Theater her, von der Maske, durch die die Schauspieler der antiken Tragödien und Komödien hindurchsprechen, deshalb »personare«, also »durchklingen«.

Allerdings wird diese Herleitung auch bestritten. Das griechische Wort dazu wäre »prosopon«, die Theatermaske.

Der spätrömische Philosoph Boethius konstruierte rund um den Begriff der Person die Grundlage seiner Rechtslehre. In den Debatten der Folgezeit diente das Konzept dazu, die verschiedenen Existenzformen des Christus zu klären. Nämlich Fragen zu beantworten wie die, ob den zwei »Naturen« von Christus, also der himmlischen und der irdischen, eine einzige oder zwei »Personen« entsprechen. Heute erscheinen uns derartige Probleme als abgehoben und ohne praktischen Wert, aber tatsächlich wurde in den Diskussionen das Verhältnis des Menschen zu seinen Institutionen verhandelt. Wir führen heute ganz ähnliche Debatten, zum Beispiel über die Frage, ob wir uns auf Facebook mit Klarnamen oder Fantasienamen anmelden sollen. Ob also Name und Person ein und dasselbe sein sollen. Die gleiche Frage, nur in einem gegenwärtigen Umfeld.

Als Figur des Rechts hat die Person in bester Verfassung überlebt. Noch heute fragt uns jedes Amt nach unseren Personendaten. Der Geburtstag gehört dazu. In Gestalt der »Person« haben wir eine Art von Datenschatten, der uns überallhin begleitet. Rechtsfähig werden wir noch immer nur als »juristische Person«. Und selbstverständlich hat jede »Person« ihren Geburtstag zu kennen. Auch wenn sie ihn nicht feiert. So gesehen tritt der Begriff der »Person« an die Stelle des alten »Genius« unter den Bedingungen des modernen Staats.

Bleibt das Subjekt. Es sei hier nur der Vollständigkeit halber erwähnt, denn von ihm wird noch ausführlich die Rede sein. Ganz wie der alte Genius darf auch das Subjekt seinen Geburtstag ohne Einschränkung feiern. Die etwas oberflächliche Ähnlichkeit der beiden Figuren geht noch weiter. Nicht umsonst taucht der Genius als Genie ganz nah beim modernen Subjekt wieder auf. Im Genialischen findet das Subjekt seine höchste

Form der Steigerung. Auch die Geburt spielt dabei eine Rolle. Und zwar nicht nur deshalb, weil wir die runden Geburtsjahre von allerlei Genies feiern, um damit ein wenig Kulturmarketing zu betreiben. Genies bringen nicht nur wichtige und allgemein gefeierte Geburtstage hervor, sie zeichnen sich bei ihrer Geburt auch durch eine andere besondere Gabe aus. Da das Genialische nicht gelernt werden kann, sondern als unvergleichliches Talent in uns schlummern soll, sind die neuen Genies bei Geburt schon voll und ganz mit all ihren Fähigkeiten ausgestattet. Dieser Mythos verbreitet sich übrigens bereits in der Renaissance. Warum? Weil Künstler in ihren Werken unvergleichlich sein wollen. Da Lernen aber immer unter Gleichen und über Nachahmung abläuft, dürfen wahre Genies nichts lernen. Das moderne Subjekt hört solche Geschichten nur zu gerne. Denn sie passen exakt zu der Anforderung, sich ganz aus sich selbst heraus zu erfinden.

Das Jahr eins

Gehen wir fürs erste zurück auf Start und damit zu den Jahreszahlen. Da die weltweit meisten Geburtstage vom Jahr der angeblichen Geburt des Jesus von Nazareth aus gemessen werden, stellt es den wohl wichtigsten Orientierungspunkt unserer gegenwärtigen Zeitrechnung dar. Was dieses Datum betrifft, ist wieder einiges an detektivischer Arbeit gefragt. Alle Indizienbeweise gehen einmal mehr vom Neuen Testament aus. Eines zur Warnung voraus. Ich bin kein Bibelkundiger und hatte nie vor, mich in diesem seit Jahrtausenden heftigst umstrittenen Forschungsfeld näher zu betätigen. Ich habe auch keinerlei Ambitionen, irgendwelche Glaubensfragen zu stellen, geschweige denn zu beantworten. Auch die historische Wahrheit interessiert mich nur insoweit, als sie die Erfindung des Jahres 1 betrifft, gleich welchen wahren oder falschen Geburtstag es zählt.

In den Evangelien finden sich einige eigentümliche Angaben zur Geburt Jesu. Sie soll während der Herrschaft des Herodes geschehen sein. Dabei kann es sich nur um Herodes den Großen gehandelt haben. Er regierte Galiläa und Judäa, damals noch keine römischen Provinzen, wohl aber von Rom abhängig, und zwar seit dem Jahr 43 vor Christus. Im Jahr 4 vor Christus starb Herodes. Will man dieser Angabe glauben, muss Christus spätestens vier Jahre vor dem später errechneten Jahr seiner Geburt geboren worden sein. Das passt schon einmal nicht. Wir dürfen bei dieser Gelegenheit nicht vergessen, dass zu der Zeit, als die Evangelien niedergeschrieben wurden, niemand auch nur an eine Jahreszählung ab Christi Geburt dachte.

Außer der Erwähnung des Herodes gibt es noch einen weiteren Hinweis, der von historischem Wert sein könnte. *»Es begab sich aber zu der Zeit, dass ein Gebot von dem Kaiser Augustus aus-*

ging, dass alle Welt geschätzt würde. Und diese Schätzung war die allererste und geschah genau zu der Zeit, da Quirinius Statthalter in Syrien war. Und jedermann ging, dass er sich schätzen ließe, ein jeder in seine Stadt. Da machte sich auf auch Joseph aus Galiläa, aus der Stadt Nazareth, in das jüdische Land zur Stadt Davids, die da heißt Bethlehem, weil er aus dem Haus und Geschlechte Davids war, damit er sich schätzen ließe, mit Maria, seinem vertrauten Weibe, die war schwanger.« Wir kennen den Rest der Geschichte, den Stall, die Tiere, die Krippe, Weihnachten eben.

Für unser Thema, nämlich das Geburtstagsfest als Vereinigung von Selbst und Daten, wäre die Tatsache, dass diese Geburt auf der Reise zu einer Volkszählung stattfand, enorm spannend. Besser geht es gar nicht. Der wichtigste Geburtstag der Welt fällt zusammen mit einer staatlichen Datenerhebung. Was für ein wunderbarer Aufhänger, um von hier aus noch einmal die Geschichte der Bevölkerungsstatistik in ihrer Verbindung zur Kenntnis des Geburtsdatums zu erzählen. Leider hat diese Geschichte wie gesagt einen Haken. Genau genommen nicht nur einen, sondern gleich mehrere. Das Unglück beginnt bei dem Statthalter Quirinius. Es gab ihn tatsächlich. Er hieß Publius Sulpicius Quirinius und regierte im Auftrag Roms die Provinz Syrien. Allerdings kam er erst im Jahr 6 oder 7 nach Christus ins Amt. Und noch etwas passt an dieser Geschichte nicht. Judäa gehörte damals gar nicht zu Syrien. Es wurde erst im Jahr 33 nach Christus dieser Provinz zugeordnet. Ob Quirinius überhaupt eine Volkszählung durchführte, ist ebenfalls strittig, aber für unseren Fall nun ohnehin unerheblich. Gut möglich, dass er im Auftrag des Kaisers sein Volk zählte. Allerdings geschah das gewiss nicht unter der Regierung des Herodes. Der war nämlich schon zehn Jahre tot, als Quirinius sein Amt antrat. Wir haben also fragwürdige Jahreszahlen, widersprüchliche Angaben zu den Beteiligten und falsche Ortsnamen. Das bedeutet, dass dieser Fall ganz neu aufgerollt werden muss.

Für die Neubewertung des Jahres eins sind wir hier zum Glück nicht zuständig, aber eine andere Frage ist doch von Interesse, nämlich die nach dem Motiv. Wie kam Lukas als einziger Evangelist auf die Idee, sein Evangelium um diese Volkszählungs-Geschichte zu erweitern? Volkszählungen, »Zensus« genannt, fanden in der Zeit, als sein Evangelium niedergeschrieben wurde, also in der zweiten Hälfte des 1. Jahrhunderts, tatsächlich ab und zu statt. Sowohl der Autor als auch die meisten seiner Leser dürften also mit dieser römischen Verwaltungsprozedur wohlvertraut gewesen sein.

Für den im Neuen Testament geschilderten Zensus gibt es tatsächlich ein gutes Motiv. Lukas erwähnt es selbst. Der einzige Name, der in seinem Bericht zweimal fällt, ist der des Königs David. Nun gilt es als ziemlich sicher, dass Jesus in Nazareth aufwuchs, einem kleinen Fischerdorf am See Genezareth. Im Gegensatz zu Nazareth war Bethlehem kein Kaff, sondern, wie Lukas richtig schreibt, die Stadt Davids. Der König des Staates Judäa und später auch Israels wurde dort geboren und zum Herrscher gesalbt. Dieses sogenannte »Salben« geht auf die Sitte zurück, Könige zu weihen, indem man sie mit einem wohlriechenden Öl einreibt. Jeder Christ kennt das hebräische Wort für »Gesalbter«, es lautet »Messias«. Nun war zur Zeit Jesu das jüdische Königshaus zwar erloschen, aber die Hoffnung auf die Rückkehr eines mächtigen Königs, sprich eines »Messias«, lebte weiter.

Warum also musste Joseph nach Bethlehem? Weil er von dort kam, und zwar als Nachfahre des Königs David, so Lukas. Ob diese über Hunderte von Jahren zurückreichende Familiengeschichte nun stimmt oder nicht, bleibt sich für unsere Frage gleich. Auf jeden Fall liefert sie ein Motiv für die Reise nach Bethlehem. Denn sie bekräftigt den Anspruch des Jesus aus Nazareth, ein Nachkomme des Königs David zu sein und von daher in die Fußstapfen des Messias treten zu dürfen. Im Licht des christlichen Anspruchs auf den Königsthron macht diese Verbindung auf jeden Fall Sinn. So ergibt sich ein Motiv für die eigenartige Geschichte seiner Geburt. Der Anlass einer Volkszählung stellte in der Zeit, in der das Evangelium geschrieben wurde, einen sehr leicht nachvollziehbaren Grund dar, warum ein Paar aus Nazareth die beschwerliche Reise nach Bethlehem überhaupt angetreten haben könnte. Und sie bekräftigt den Anspruch der Christen, dass ihr Prophet Jesus der lang erwartete Messias sei. Als verbürgte und sichere Quelle zur Berechnung einer korrekten Jahreszahl oder auch nur des Geburtsmonats taugt die Geschichte dagegen kaum.

Wann genau Christus geboren wurde, lässt sich aus der Bibel nur ungefähr ableiten. Aber die eigentlich interessantere Frage ist die, wer wann und wie auf die Idee kam, jenen Anfang zu berechnen, von dem aus wir alle unsere Jahre zählen.

Wir haben schon gesehen, dass die Römer im Westen einen großen Widerwillen gegen das Zählen von Jahren hatten. Die Christen im Osten führten die Zählung nach dem Regierungsantritt des Kaisers Diokletian fort, wobei sie statt Anno Diocletiani erst von der Ära der Märtyrer sprachen und später zum Kürzel A.D. zurückkehrten, aber behaupteten, es stünde für Anno Domini. Im 5. Jahrhundert schlug ein Anianus von Alexandria ein anderes Ausgangsdatum vor, nämlich den absoluten Nullpunkt, und das meinte damals nicht den Urknall, sondern den Moment, in dem Gott sagte »Es werde Licht«. Man hätte natürlich fragen können, was Gott ganz allein und im Dunkeln vor diesem Moment gemacht hatte, aber das stand damals nicht auf der Agenda. Anianus berechnete den ersten aller Montage streng nach den Auskünften in der Bibel und kam, indem er alle Altersangaben bis zu Adam und Eva zusammenzählte und dann noch die Woche der Welterschaffung hinzuaddierte, auf den 25. März 5492 vor Christus. Vorher war nichts, also muss das das Jahr eins sein. Im weiteren Verlauf gab es Zweifel an der Genauigkeit seiner

Kalkulation und eine Vielzahl von Versuchen, den Anfang von allem nach dem Alten Testament besser zu berechnen. Die genaueste Kalkulation gilt heute noch für den jüdischen Kalender. Danach begann Gott am 6. Oktober des Jahres 3761, 20 Sekunden nach 23:11 Uhr, mit der Erschaffung der Welt.

Unter den Christen setzte sich die Zählung ab dem alttestamentarischen Anfangstermin nie durch. Das lag unter anderem an den Vorbehalten des Kirchenvaters Augustinus. Er hielt von der ganzen Jahreszählerei wenig. Das hängt mit seiner Theorie der Zeit zusammen. Und die sollten wir uns kurz anschauen, denn sie betrifft auch das, was wir aus unserem Geburtstag machen. Oder besser gesagt, was unser Geburtstag mit uns macht. Was Augustinus über Zeit und deren Empfindung und Messung sagt, gilt heute als erster Entwurf eines modernen Zeitbegriffs. Er warnt davor, allein dem Messen der Zeit zu vertrauen. Denn an beiden Rändern der gemessenen und gezählten Stunden, Tage oder Jahre finden sich zwei andere und wichtige Formen der Zeit. Nämlich die, die wir als Menschen erleben. Und die Zeit, in der Gott existiert.

Für uns gibt es »*drei Zeiten: Vergangenheit, Gegenwart und Zukunft. Genauer vielleicht wäre es zu sagen: es gibt drei Zeiten, die Gegenwart des Vergangenen, die Gegenwart des Gegenwärtigen und die Gegenwart der Zukunft. In der Seele nämlich sind diese drei: anderswo sehe ich sie nirgends. Die Gegenwart des Vergangenen ist das Gedächtnis, die Gegenwart des Gegenwärtigen die Anschauung, die Gegenwart des Künftigen ist die Erwartung.*« Auch das Zählen von Jahren überwindet diese andauernde Gegenwart in unserem Bewusstsein nicht. Also gehört die Jahreszählung genauso zu den vergeblichen Mühen, Zeit zu messen, wie der Versuch, das Vergehen des eigenen Lebens im Ablauf der Jahre zu feiern. Weder überwinden wir damit die Gegenwart, in der wir leben und fühlen, noch zählt es irgendetwas im Hinblick auf die Ewigkeit, also das Jenseits und das Jüngste Gericht. Erst recht nicht, wenn wir die Dimension der Zeit hinzudenken, die im Himmelreich herrscht und die weder Anfang noch Ende kennt, auch keine Gegenwart und keine Vergangenheit und keine Zukunft. Womit sich übrigens auch die Frage erledigt, was Gott vor der Erschaffung der Welt getan hat. Vor dieser großen göttlichen Ewigkeit sind unsere irdischen Zeitsorgen belanglos. Trotzdem sind wir dazu verurteilt, uns mit dem irdischen Leben herumzuschlagen, bis uns der Tod davon erlöst. Die in Jahren gemessene Lebenszeit interessiert Augustinus genauso wenig wie die damit verbundene Geburtstagsfeier. Im Hinblick auf die göttliche Zeit erscheint sie als banales Ritual, das uns davon abhält, die Intensität der Gegenwart und die Unvergänglichkeit des Ewigen zu erfassen.

Die Zeittheorie des Augustinus hielt die Gelehrten nicht davon ab, sich weiterhin um die Berechnung diverser Anfangsjahre zu kümmern. Denn schließlich wollten allen theologischen Höhenflügen zum Trotz auch ganz praktische Angelegenheiten geregelt sein. Zum Beispiel der »computus«, also die »Berechnung«. Im Mittelalter war sonnenklar, was damit gemeint sein sollte, denn außer dieser einen großen Aufgabe wurde nicht sonderlich viel gerechnet. Heute kennen wir nur noch das Wort »Computer«, nämlich einen Rechner. Vor knapp einem Jahrhundert meinte »Computer« etwas ganz anderes, nämlich eine Rechen-Arbeitskraft, meistens eine Frau, die handschriftlich Berechnungen durchführte.

Im frühen Christentum stand der »computus« für eine ganz bestimmte Berechnung, die für den Festkalender wichtig und nicht ganz unkompliziert war. Sie hängt mit den Kalkulationen für unser Jahr eins zusammen. Wie bereits erwähnt, folgt das Osterfest dem Mondkalender. Alle anderen christlichen Feste dagegen richten sich nach dem julianischen Sonnenjahr. Das wirft Jahr für Jahr die Frage auf, an welchem Tag denn nun Ostern stattfindet. Lange Zeit galt die einfache Regel, sich am Pessachfest der Juden zu orientieren und Ostern in dieselbe Woche zu legen. Beim Konzil von Nicäa im Jahr 325 beschloss man, Ostern auf den ersten Sonntag nach dem Vollmond zu legen, der der Frühlings-Tagundnachtgleiche folgt. Egal, wann die Juden ihr Pessachfest feiern. Von diesem Zeitpunkt an stellte sich den christlichen Gelehrten die Aufgabe, den Termin des Osterfestes selbst zu berechnen. Diese Kalkulation nannten sie »computus«.

Im Jahr 526 kam es zu einem Streit über das Osterfest. Deswegen machte sich ein mathematisch begabter Mönch namens Dionysius Exiguus daran, eine neue Formel zur Berechnung des Osterfestes aufzustellen. Er hielt sich an die neuesten Erkenntnisse der Gelehrten aus Alexandria und kam offenbar auf ein recht brauchbares Ergebnis. Aber es blieb nicht bei dieser Erkenntnis. Denn er führte eine weitere Vereinfachung ein. Um das Kuddelmuddel mit den verschiedenen Zählweisen zu umgehen, rechnete er von einem Jahr eins aus, das nicht allzu weit zurücklag und sich möglichst einfach mit der bisherigen Zählung A. D. verbinden ließ. Seit dem Regierungsantritt des Diokletian waren zum Zeitpunkt seiner Berechnungen genau 241 Jahre vergangen. Zur Bestimmung des Osterfestes zog man zwei Jahreszyklen heran, einen mit 19 Jahren und einen anderen von 532 Jahren. Diogenes orientierte sich der leichteren Rechenbarkeit halber am Jahr 247 A. D., in dem seit Diokletian genau 13 Zyklen vergangen sein würden. Und er wusste auch, dass Diokletian ungefähr 15 Zyklen nach Herodes sein Amt antrat. Das macht 285 Jahre. Beide Zahlen zusammen ergaben genau den größeren 532-jährigen Zyklus. Also setzte er fest, dass dem Jahr 247 Anno Diocletiani ab jetzt das Jahr 532 entsprechen solle. Ansonsten beließ er es bei der Abkürzung A. D., nun für »Anno ab incarnatione Domini«, Jahr der Fleischwerdung des Herrn. Das kann zwar nicht wirklich etwas anderes als die Geburt Jesu Christi meinen, aber Dionysius mit dem Beinamen Exiguus, »der Bescheidene«, hat nie ausdrücklich beansprucht, das wahre Geburtsdatum von Jesus berechnet zu haben. Es ging ihm allein darum, die Ostertermine möglichst einfach zu ermitteln. Ganz folgerichtig übernahm auch niemand seine Zählweise. Man zählte weiter wie gehabt.

Nun gab es mit den Berechnungen des Dionysius ein Problem. Er hatte sie nur für fünf Zyklen weitergeführt, also für die nächsten 95 Jahre. Im Jahr 627 war Schluss. Es würde sich ein anderer Mönch finden müssen, um den Computus zu übernehmen. Das war nicht ganz einfach. Denn in den knapp hundert Jahren nach dem Jahr 532 war einiges geschehen. Erst hatte ein Krieg gegen die Goten ganz Italien verwüstet. Dann schickten sich die Araber an, Europa endgültig vom Mittelmeer zu trennen und damit auch vom Bildungszentrum Alexandria. Die Stadt Rom schrumpfte von einer Million auf 100 000 Einwohner. Im Jahr 523 wurden die Spiele im Kolosseum eingestellt. Die Thermen schlossen im Jahr 535. Von den letzten Wagenrennen weiß man aus dem Jahr 550. 40 Jahre später hielt der Senat seine letzte Sitzung ab. Die Bevölkerung sollte bald auf 20 000 sinken. Das einzige wichtige Amt, das der Stadt blieb, war das des Papstes. Er galt zwar noch als Oberhaupt der Westkirche, aber die intellektuelle Fähigkeit, den Computus durchzuführen, gab es in Rom nicht mehr.

Das geistige Erbe des Römischen Reiches mussten andere antreten. So kam es, dass sich ausgerechnet im fernen England ein anderer Gelehrter daranmachte, die Arbeit des Dionysius wieder aufzunehmen. Dieser Mönch beließ es nicht nur bei fünf der 19er-Zyklen, sondern kalkulierte den gesamten nächsten großen Zyklus von 532 Jahren durch, also bis ins Jahr 1064. Er gehörte dem Orden der Benediktiner an und hieß Beda Venerabilis. Die Zählweise des Dionysius behielt er bei, weil sie die Berechnung erleichterte. Dass niemand anderes sie gebrauchte, störte nicht weiter. Bald nach der Wirkungszeit des ehrwürdigen Beda stiegen die Benediktiner zum staatstragenden Mönchsorden im fränkischen Reich auf. Vor allem Karl der Große förderte sie. So kam es, dass sich die von Beda fortgeführte Zählung des Dionysius verbreitete. Verbindlich und in allgemeinen Amtsgebrauch übernommen wurde sie allerdings erst nach der Jahrtausendwende. Damit beginnt man in Europa, und später auf der ganzen Welt, ab einem Jahr eins zu zählen, das nur provisorisch angesetzt wurde, um eine Berechnung zu vereinfachen.

Zarathustra, Buddha, Mohammed

Jesus von Nazareth ist beileibe nicht der einzige Religionsgründer, dessen Geburtstag nicht nur gefeiert, sondern auch als Ausgangspunkt einer Jahreszählung genommen wird.

Der älteste Geburtstag ist der des Propheten Zarathustra. Die Anhänger seiner Religion feiern ihn am ersten Tag des iranischen Kalenders im Monat Farvardin. Das Datum fällt zusammen mit dem bekannten Neujahrsfest Newroz. Ob er auf eine alte Vorliebe der Perser zurückgeht, Geburtstage zu feiern, lässt sich nicht nachweisen. Aber es ist gut möglich, glaubt man Herodot, dem griechischen Vater aller Geschichtsschreibung: »*Als höchsten Tag feiert der Perser den Tag, an dem er geboren ist. An diesem Tag will er ein reicheres Mahl einnehmen als sonst. Die reichen Perser lassen dann ein Rind, ein Ross, ein Kamel und einen Esel auftragen, die im Ofen ganz gebraten werden. Die Ärmeren lassen kleinere Tiere zubereiten.*« Woher diese Wertschätzung des Geburtstags kommt, wissen wir nicht, womöglich haben die alten Perser sie von anderen Völkern übernommen. Denn sie galten damals als ein kulturell sehr aufgeschlossenes Volk. »*Kein Volk ist fremden Sitten so zugänglich wie das persische. Sie finden die medische Kleidung schöner als die ihrige und tragen sie infolgedessen. Ebenso tragen sie im Krieg die ägyptischen Brustpanzer. Alle Vergnügungen, die sie kennen lernen, führen sie bei sich ein; so haben sie auch von den Hellenen den Liebesverkehr mit den Knaben angenommen*«, liest man bei Herodot. Das Vorbild für die jährliche Feier der eigenen Geburt könnte aus Babylon stammen, wo man lange in der Kalenderforschung führend war.

Noch ältere Geburtstagsfeiern finden sich im Ägypten der Pharaonen. Moses berichtet davon im 1. Buch, Kapitel 40. Es gibt einige weitere Hinweise darauf, dass am Nil ein dem Geburtstag ähnliches Fest gefeiert wurde. Wandmalereien in ägyptischen Gräbern legen nahe, dass nicht nur Könige, sondern auch die weniger Mächtigen einen »schönen Tag« feierten. Abbildungen und die dazugehörigen Texte zeigen Szenen der Ausschweifungen und des Vergnügens. Eine Inschrift lautet etwa:

Sein Herz erfreuen, Schönes sehen
Tänze und Gesänge
Myrrhen auflegen, sich mit Öl salben
eine Lotusblüte an der Nase
Brot, Bier, Wein, Süßigkeiten und alles andere vor sich.

Die dazugehörigen Bilder in Tempeln und Grabstätten zeigen Gruppen von Musikern und Auftritte von Tänzerinnen. Die Geschlechterrollen scheinen recht eindeutig verteilt gewesen zu sein. Frauen tanzen, Männer saufen. Die Körper der Mädchen werden von durchsichtig dargestellten Stoffen kaum verhüllt, manche tanzen nackt oder mit nur einigen Schmuckstücken verziert. Dazu finden sich Trinksprüche wie: »*Trinke den schönen Rauschtrunk! Feiere den schönen Tag!*« Eine Szene zeigt den Gast eines Mannes mit dem Namen Paheri, der fest vorhat, sich zu besaufen: »*Gib mir 18 Maß Wein!*«

Für die Moralvorstellungen der Zeit galten exzessive Feiern als nichts Verwerfliches, ganz im Gegenteil. Da das Leben ohnehin nur als ein kurzer Einschub in einer langen Zeit des Totseins betrachtet wurde, hielt man es für ausgesprochen vernünftig, es so intensiv wie nur möglich zu genießen.

Wir wissen allerdings nicht, ob an diesem »schönen Tag« die eigene Geburt gefeiert wurde. Wir wissen nicht einmal, ob er jährlich zum gleichen Termin stattfand. Weiterhin wissen wir nicht, ob der Pharao an seinem Geburtstag den Tag seiner Geburt als Mensch feierte oder seine Geburt als Herrscher, also den Tag der Amtseinführung.

Und wir wissen noch etwas weit Wichtigeres nicht. Die ersten Bücher der Bibel wurden vermutlich seit dem Exil in Babylon nicht mehr bearbeitet. Bis dahin aber, so der Stand der Forschung, wurden immer wieder Geschichten hinzugefügt und verändert. Das Datum des ersten Exils ist ziemlich genau bekannt. Im Jahr 597 wurden die Israeliten erstmals nach Babylon deportiert. Dabei scheint es sich um eine durchaus übliche Praxis im babylonischen Reich gehandelt zu haben. Unterworfene Völker sollten durch Verpflanzung in den kulturellen Schmelztiegel Babylon integriert werden. Wie so oft hatte diese Umsiedlung zweierlei Folgen. Einerseits förderte sie den Drang, die eigene kulturelle Überlieferung und Identität zu bewahren. Dem verdanken wir in diesem Fall die Niederschrift der bis dahin mündlich überlieferten Bücher der Bibel. Zum anderen sorgte sie dafür, dass fremde Gebräuche bekannt wurden, darunter das Geburtstagsfest. Dass der Pharao seinen Geburtstag feierte, könnte also durchaus ein Detail aus dem Leben Babylons und nicht Ägyptens wiedergeben.

Damit zurück zum Geburtsjahr des Zarathustra. Es wurde sehr spät verbindlich festgelegt. Erst im Jahr 1990 einigte sich der Verein der Zoroastrier in Kalifornien auf eine Zeitrechnung. Sie wird mit ZRE abgekürzt und datiert die Geburt des Propheten auf 1737 vor Christus.

Der zweite bis heute gefeierte Religionsgründer kam einiges später zur Welt. Prinz Siddhartha Gautama wurde in der nordindischen Ortschaft Lumbini am Tag Vesakh im Jahr 80 BBE geboren. BBE steht für »Before Buddha's Era«. Für seine Anhänger, weltweit gut 500 Millionen, ist Vesakh, auch Vesak, Visak, Wesak oder Baisakh genannt, der höchste Feiertag. Praktischerweise begeht man gleich drei Feiern am selben Tag, nämlich die Geburt, das Erwachen und das Eingehen ins Nirwana des Mannes, der im weiteren Verlauf seines Lebens als Buddha bekannt wurde.

Da es, wie in den meisten anderen Religionen, auch im Buddhismus verschiedene Schulen gibt, herrscht über das exakte Datum des Festes keine Einigkeit. Es wird in sehr vielen Ländern an sehr vielen verschiedenen Tagen gefeiert. Im Jahr 2018 gilt für Südostasien der 29. Mai. China und Korea feiern am 22. Mai und Japan am 8. April.

Auch Buddhas Geburtsjahr musste nachträglich berechnet werden, da die Aktenlage ähnlich dürftig war wie die zur Geburt Jesu. Im 3. Jahrhundert vor Christus datierten die ersten buddhistischen Schriften seine Geburt auf das sagenhafte Jahr 624. Die Zählung nach der Buddhistischen Ära setzt im Jahr seines Todes ein, also 544 vor Christus. Wobei man auch hier Vorsicht walten lassen muss. Selbst wenn die meisten Historiker zugestehen, dass Buddha als Person tatsächlich lebte, setzen die meisten sein Geburtsjahr doch erheblich später an.

Am besten belegt ist der Geburtstag des jüngsten der großen Religionsgründer, Mohammed. Die Anhänger sunnitischen Glaubens feiern das Geburtstagsfest Maulid an-Nabī am zwölften Tag des Monats Rabīʿ al-auwal. Für die Schiiten gilt der 17. desselben Monats. Im Jahr 2018 beginnt das Fest am Abend des 20. Novembers nach dem christlichen Kalender. Radikalere oder auch ursprünglichere Schulen des Islam lehnen den Geburtstag ganz ab, da sie ihn für eine spätere und überflüssige Neuerung halten, eine »bid'ah«.

Was die Entstehung der Feierlichkeiten betrifft, haben sie da sicherlich recht. Denn die Feier wurde offenbar erst vier Jahrhunderte nach Mohammeds Geburt am Hof der Fatimiden in der damals neu gegründeten Hauptstadt Kairo eingeführt. Unter den Sunniten verbreitete sich das Fest im 12. Jahrhundert, und um 1183 berichtet der Reisende Ibn Dschubair, man habe es selbst in der heiligen Stadt Mekka gefeiert.

Herrscherfeiern: Cäsar reloaded

Während also anderswo Geburtstage neu eingeführt wurden, blieb es in den Ländern der Christen beim Weihnachtsfest. Von anderen Geburtstagsfeiern hören wir nichts. Auch wenn die Herrscher des Mittelalters großen Wert darauf legten, sich wie die Cäsaren des Römischen Reiches Kaiser nennen zu dürfen, scheuten sie offenbar davor zurück, auch deren Feste wiedereinzuführen.

Ein Problem liegt bei der Religion. Das Christentum war auf Geburtstage, wie wir gesehen haben, generell nicht sonderlich gut zu sprechen. Der Kaisertitel ging in Ordnung, solange er von Gottes Gnaden vergeben wurde, sprich von dessen Stellvertreter auf Erden, dem Papst.

Das führt geradewegs zu Problem Nummer zwei. Das Feiern eines offiziellen Geburtstags blieb dem einzig wahren Herrscher auf Erden vorbehalten, also dem Sohn Gottes. Auf Konkurrenzveranstaltungen legte die Kirche keinen Wert.

Das dritte Problem ist etwas verzwickter. Es hat mit dem Begriff der Person zu tun. Der Historiker Ernst Kantorowicz hat in den 1950er Jahren eine brillante Untersuchung über den Rechtsstatus der mittelalterlichen Könige verfasst. Sie heißt »Die zwei Körper des Königs«. Der König war nicht nur Mensch, sondern auch Herrscher. Als Herrscher hat er einen Körper, der von Zeremonien, Ritualen und vor allem vom Recht in Anspruch genommen wird. Hier begegnen wir dem Begriff der Person wieder. Denn der König regiert als Rechtsperson. Das erinnert einmal mehr an die Herkunft des Wortes »Person« als »Rolle«, so wie auf der Bühne auch in der Rolle des Regierenden. Regierungstheater ist in dem Sinn nichts Neues. Ein großes Problem der Juristen lag in der Rechtsnachfolge nach dem Tod eines Herrschers.

Um jede Unsicherheit und ein Machtvakuum zu vermeiden, erfanden sie einen dynastischen Begriff der Regierungsperson. Mit dem Ableben des alten Königs ging diese Rolle unmittelbar auf seinen Erben über, um jeden Zweifel an der Macht auszuschließen. In der politischen Wirklichkeit trat zwar ein Mensch an die Stelle eines anderen, aber an der Person des Königs änderte sich nichts. Sie stand außerhalb der Zeit und währte ewig, solange eine Dynastie dauerte.

Der König als ewiger Rechtskörper verträgt sich sehr schlecht mit dem Feiern der leiblichen Geburt. In dem Moment wäre er auf seinen menschlichen Körper zurückgeworfen, um dessen Geburt das Fest ja doch geht. Das wiederum würde seinen Amtskörper und damit seine Macht in Frage stellen. Groß und öffentlich Geburtstag zu feiern galt deshalb schlicht und einfach als gefährlich.

Trotzdem kennen wir auch aus dem Mittelalter gelegentliche Berichte von Geburtstagen. Marco Polo, von dem wir nicht genau wissen, ob er je wirklich in China war oder nicht doch einfach nur bis Konstantinopel kam und seinen Reisebericht aus zeitgenössischen Quellen zusammenschrieb, berichtet von einer Geburtstagsfeier des Kublai Khan im Jahr 1298.

Auch aus Mitteleuropa gibt es vereinzelte Notizen. So dichtete Konrad von Würzburg in seinem Versepos vom Trojanischen Krieg dem König Priamos ein Geburtstagsfest an.

> Der künic der begie den tac,
> An dem sîn muoter in gebar
> Und hete vil geladet dar
> der fürsten ûz dem rîche

Das war ungefähr im Jahr 1280. Das Fest des Priamos gab es ziemlich sicher nicht, aber wir können davon ausgehen, dass der

Sänger sich auf Gebräuche seiner Zeit bezogen hat. Wie weit sie verbreitet waren, wissen wir nicht. Bis man in Europa wagte, Geburtstage wieder offiziell zu feiern, vergingen noch einmal einige Jahrhunderte.

Wiedergeburtstag

Dass man die Geburt überhaupt wiederentdeckte, hängt mit der Epoche der »Renaissance« zusammen, die ja nicht umsonst »Wieder-Geburt« heißt. Einer der ersten Wieder-Geburtstage galt einem Anlass, den fast tausend Jahre lang niemand gefeiert hatte.

Am 7. November 1468 trafen sich neun Freunde in einer Villa der Medici vor den Toren der Stadt Florenz. Das Haus in Careggi steht heute noch. Damals war es gerade frisch renoviert worden. Mit Unterstützung von Lorenzo dem Älteren hatte der Philosoph Marsilio Ficino dort im Jahr 1459 eine neue Akademie gegründet. Sie wurde zu einem der wichtigsten Bildungszentren der Renaissance. Hier begann man damit, viele Schriften der antiken Philosophen wieder zu lesen, zu edieren und neu zu übersetzen.

Die neun Gelehrten hatten vor, das »Symposion« ihres Meisters Platon wiederaufzuführen und während des Festes zu diskutieren. Nun kann man das griechische Wort »Symposion« auch als »Trinkgelage« übersetzen. Essen und reichlich Wein waren daher unverzichtbar. Der Koch Francesco Bandini sorgte für das leibliche Wohl. Zwei der Gäste, ein Arzt namens Lorenzo und ein Bischof, mussten die Gruppe bald verlassen, da sie andere wichtige Termine hatten. Die übrigen begingen das Fest, indem sie reihum sieben Reden über sieben Fragen aus Platons Dialog vortrugen.

Das Treffen sollte auf den Geburtstag Platons fallen. Dass die Feiernden sich beim Datum höchstwahrscheinlich irrten, hat vermutlich niemanden gestört. Ohnehin war der Geburtstermin des Philosophen von Anfang an erdichtet. In der Antike hieß es, er habe am 7. Tag des Monates Thargelion das Licht der Welt erblickt. Dieser Monat stand im attischen Kalender an elfter Stelle. Am selben Tag wurden die zweitwichtigsten Feierlichkeiten des Jahres, nämlich die Thargelien, begangen. Wir wissen allerdings, dass die antiken Thargelien immer im Frühling lagen. Das rührt daher, dass die Athener ihr neues Jahr stets nach der Sommersonnenwende begingen. Damit fällt der siebte Tag des elften Monats in der Regel auf den 24. oder 25. Mai. Warum genau man in der Renaissance auf den Tag im November verfiel, ist unklar. Ein Fehler hatte sich schon zur Zeit der neuplatonischen Akademie im Römischen Reich eingeschlichen, weil der Jahresanfang von März auf Januar verlegt worden war. Aber das erklärt nicht den Unterschied von einem halben Jahr.

Nach dem unverfänglichen Anfang der neuen Platoniker wagten sich auch die Fürsten ans Feiern des Geburtstags. Während der Regierungszeit Cosimos I. aus der Familie der Medici sollte wie üblich das Jubiläum des Herrschers an dem Tag gefeiert werden, an dem er sein Amt angetreten hatte. Der vorgesehene Termin war der 9. Januar. Allerdings lag dieses Datum zu nah am Jahrestag der Ermordung seines Vorgängers. Eine Feier hätte unweigerlich an beides erinnert, Attentat und Amtsantritt. Das war unmöglich.

Wir kennen ein ähnliches Problem sich überschneidender Jubiläen aus der jüngeren deutschen Geschichte. Die Mauer fiel am 9. November. Es wäre sinnvoll gewesen, dieses Datum zu feiern. Allerdings begann genau am gleichen Tag 66 Jahre zuvor mit der Reichspogromnacht die Vertreibung und Ermordung der jüdischen Bürger. Daher wich man auf eine politisch unbelastete Lösung aus und fand einen anderen Termin. Ähnlich gingen die Medici im Jahr 1537 vor. Sie verlegten das Jubiläumsfest auf den 11. Juni. An diesem Tag wurde bereits doppelt gefeiert, nämlich das Fest des heiligen Barnabas und der Jahrestag der Schlacht von Campaldino. Gottesdienst, Pferderennen und Feuerwerk standen also ohnehin auf dem Programm. Das war günstig. Denn als zusätzlicher Anlass konnte sich der Staatsakt neben den anderen Festlichkeiten gleichsam verstecken, und es fiel nicht weiter auf, dass Cosimo in der Nacht in seinen Geburtstag hineinfeierte.

Solche Versteckspiele waren durchaus üblich, um den Eindruck zu vermeiden, man wolle einen politischen Personenkult betreiben. Schließlich ging es gerade in Italien immer darum, die politische Balance zwischen geistlicher und weltlicher Herrschaft zu wahren. So stiftete etwa Cosimo der Ältere 1434 eine Kapelle für die Heiligen Kosmas und Damian, um dort wenigstens seinen Namenstag feierlich zelebrieren zu lassen.

Der größte politische Geburtstag des 17. Jahrhunderts, wenn nicht aller Zeiten, fand fern vom Zugriff der katholischen Kirche statt. Bis dahin war es unter Königen üblich geworden, ihren Geburtstag zu feiern, und der Brauch hatte sich schon unter dem gehobenen Bürgertum verbreitet. Der Termin des fraglichen Festes fiel auf den 29. Mai. Bis heute wird an diesen Tag erinnert, wenn auch unter recht eigenartigen Umständen. Denn von einem Geburtstag ist keine Rede mehr. Stattdessen feiert man den Tag unter der Bezeichnung »Eichapfeltag«.

Im Jahr 1658 starb Oliver Cromwell. Als Lordprotektor, also formell Vormund eines Königs, den es in dem Fall gar nicht gab, hatte er 17 Jahre lang England regiert. Seine radikalchristlichen Presbyterianer waren nicht sonderlich beliebt, denn unter ihrem Regime galten Musik und Vergnügungen jeder Art als verderblich. Im Hass auf Spaß scheinen sich die Fundamentalisten aller Zeiten zu gleichen. Offen zu rebellieren wagte indessen niemand, jedenfalls nicht vor dem Ende von Cromwells Herrschaft. Bald nach seinem Tod wurde allerdings der Ruf nach der Rückkehr des Königs laut.

Charles II. hatte sich nach der letzten verlorenen Schlacht im September 1651 nach Frankreich abgesetzt. Neun Jahre später, nämlich Anfang Juni, verließ er Frankreich wieder. Nach einer guten Überfahrt landete sein Schiff am 25. Mai 1660 bei Dover. Ja, die Termine sind richtig. Er kam in England anderthalb Wochen vor seiner Abreise aus Frankreich an. Wir kommen noch darauf zu sprechen, wie das genau vor sich ging. Auf jeden Fall war das Datum nicht ganz zufällig gewählt, denn auf den 29. Mai fiel sein Geburtstag.

Der alte und neue König ließ sich genau vier Tage Zeit, um mit seinem Tross die Hauptstadt London zu erreichen. Der Einzug in die Stadt geriet zu einem Triumph. Sieben Stunden benötigte der König für den Weg vom östlichen Stadtrand bis Westminster. Der Zeitzeuge John Evelyn will 20 000 Reiter und Fußvolk gezählt haben, wobei er wohl ein wenig übertrieben hat. An Straßenecken und auf Plätzen hatten die Leute schon Tage zuvor damit begonnen, große Holzstapel aufzuschichten. Die Freudenfeuer loderten die ganze Nacht. Über drei Tage zog sich das Fest hin und nahm so exzessive Formen an, dass der neue König schon am ersten Tag zur Mäßigung aufrufen musste.

Bis heute gibt es Engländer, die am 29. Mai ein Fest feiern. Sie bezeichnen es allerdings weder als einen Geburtstag, noch erinnern sie an die Rückkehr oder die Wiedereinsetzung des Königs. Das Fest heißt »Oak Apple Day«. Ein Eichapfel ist eine Art von Wucherung, die unter Eichenblättern wächst, in die die Eichgallwespe ihre Eier gelegt hat. Auf der Flucht nach der letzten verlorenen Schlacht im September 1651 hatte sich der König im Geäst einer Eiche versteckt. Warum aber feiern die Monarchisten Englands an diesem Tag dem Namen nach weder den Geburtstag noch die Amtseinführung? Vielleicht hilft die These der zwei Körper des Königs, eine Antwort zu finden. Um weder den leiblichen noch den Amtskörper in Anspruch zu nehmen, weicht das Fest auf eine dritte Gestalt des Königs aus. So hat die Tarnung im Laub der Eiche sein Leben gerettet und ihn für einen Moment aus dem Dilemma der beiden Körper erlöst.

Neue Kalender

Im Jahr 1651 galten in Europa zwei verschiedene Kalender. Einer von mehreren Gründen für dieses Durcheinander lag in einem Fehler der Astronomen von Julius Cäsar. Sie hatten sich bei der Jahreslänge um elf Minuten vertan. Über ein einzelnes Jahr fiel die Abweichung vom Stand der Sterne nicht weiter auf. Aber sie summierten sich im Lauf der Zeit. Ungefähr alle 130 Jahre ging ein Tag verloren. Im 16. Jahrhundert fehlten zehn Tage im Vergleich zum Sonnenstand. Auch das hätte nicht weiter gestört, wenn es nicht die Berechnungen des Osterfestes durcheinandergebracht hätte. Denn nun fiel der Frühlingsanfang nicht mehr auf den 21., wie es hätte sein sollen, sondern auf den 11. März. Vermutlich hätte die Kirche es auch noch ein paar Jahrhunderte länger weiter so belassen, wenn es nicht von allen Seiten Kritik gehagelt hätte.

Mitten in der Abwehrschlacht gegen die Reformation berief der Papst Gregor XIII. deshalb im Jahr 1581 eine Kommission ein, um wenigstens den Kalender in Ordnung zu bringen. Von nun an sollte der Frühlingsanfang wieder auf den 21. März fallen. Zu diesem Zweck wurden im Jahr 1582 zehn Tage übersprungen. Auf den 4. folgte unmittelbar der 15. Oktober.

Im Gegensatz zu Cäsar war der Papst aber nur Pontifex maximus, wie sein Titel noch heute lautet, und nicht Kaiser. Außerdem fand die Kalenderreform in einer politisch und religiös umkämpften Zeit statt. So führte die Glaubensspaltung auch zu einer Kalenderspaltung. Für mehr als ein Jahrhundert galten nun in Europa zwei verschiedene Daten. Deshalb konnte der englische König Charles II. im katholischen und kalenderreformierten Frankreich Anfang Juni aufbrechen und im julianischen protestantischen England dennoch Ende Mai ankommen. Dergleichen Datumsgrenzen gab es auch innerhalb von Deutschland. Denn in den protestantischen Gebieten bestand wenig Neigung, eine päpstliche Reform umzusetzen, und sei sie auch eine, die den Kalender tatsächlich nicht nur zurechtrückte, sondern auch genauer machte. Glauben verlangt eben gelegentlich, wider besseres Wissen zu handeln.

Brandenburg und Preußen warteten mit der letzten großen Kalenderreform 30 Jahre. Württemberg ließ sich bis 1699 Zeit. England, Schottland und die Kolonien in Amerika stellten erst im Jahr 1752 um. Auf Mittwoch, den 2. September, folgte unmittelbar der 14., ein Donnerstag. Man brauchte zwei Tage mehr, denn in der Zwischenzeit hatte der julianische Kalender weitere anderthalb Tage zum Lauf der Sonne verloren. Die orthodoxe Kirche hielt sehr lange durch. Nach Russland kam der gregorianische Kalender erst mit der Revolution von 1918. Griechenland folgte 1923. Das letzte Land, das den gregorianischen Kalender des Papstes übernahm, war China im Jahr 1949.

Nach dieser Kalenderreform kamen noch zwei weitere. Beide brachten gegenüber dem gregorianischen Kalender erhebliche Verbesserungen. Die zweite und jüngste Kalenderreform erwies sich als sehr erfolgreich, aber ohne dass wir etwas davon merken. Kürzlich gab es in diesem System sogar ein großes Geburtsjubiläum zu feiern.

Die davor liegende und schon etwas ältere machte den vernünftigsten und praktischsten und einfachsten Vorschlag. Leider konnte er sich nur 13 Jahre lang und nur in genau einem Land behaupten. Dann wurde der x-mal reformierte altägyptische Kalenderwust wiedereingeführt, nach dem wir heute noch unsere Jahre ordnen und die Tage zählen.

Im Jahr 1586, also mitten im Kalenderkonflikt, veröffentlichte der flämische Mathematiker Simon Stevin ein Pamphlet mit dem Titel »De Thiende«, auf Deutsch »Das Zehntel«. Man solle, bitte schön, ab jetzt mit Dezimalzahlen rechnen anstelle der umständlichen Brüche. Sein Vorschlag setzte sich in der Mathematik langsam durch und wurde auch auf das Messen der Zeit übertragen. Aber es brauchte eine wirkliche Revolution, um sämtliche Maßeinheiten erstmals in einem Dezimalsystem zu vereinigen. Fast sämtliche, denn es gab eine Dimension, die dem Dezimalsystem der französischen Erneuerer hartnäckig Widerstand leistete und nach wie vor leistet. Das auf dem Meter basierende Dezimalsystem hat sich bei den meisten Einheiten durchgesetzt, nur nicht bei der Zeitmessung. Der Versuch wurde immerhin unternommen. Der 14. Juli des Jahres 1789 wurde im Zug der Französischen Revolution als Nullpunkt einer neuen Zeitrechnung ausgerufen. An diesem Tag stürmten die Pariser Bürger die Bastille, ein Ereignis von großem symbolischen und zu vernachlässigendem praktischen Wert, denn festgehalten wurden in dieser als Gefängnis genutzten alten Festung nur noch sieben Personen. Vier Jahre und zwei Neustarts der Jahreszählung später, am 4. Frimaire des nunmehr republikanischen Jahres II, einigten sich die Pariser Revolutionäre auch darauf, den Jahresablauf neu zu ordnen. Von nun an sollte eine Woche zehn Tage dauern. Ein Monat bestand aus drei Wochen, das Jahr hatte zwölf Monate. Leider hielten sich weder Sonne noch Mond, noch Erde an die dezimale Ordnung, also mussten am Jahresende immer fünf oder sechs Tage angehängt werden. Neujahr sollte auf die Tagundnachtgleiche im Herbst fallen. Im gleichen Jahr wurden auch die anderen Dezimalmaße Meter, Gramm und Liter eingeführt. Sie gelten bis heute. Aber das Revolutionsjahr scheiterte. Der Kaiser Napoleon macht dem vernünftigsten aller Kalender ein Ende. Ab dem 1.1.1806 zählte Frankreich die Zeit wieder gregorianisch.

Die zweite neue Weltzeit dagegen läuft und läuft, ohne dass wir es merken. Ihre Uhren zählen in Computernetzwerken und in den Tiefen des Internets, wo Server genannte Dienstcomputer dafür sorgen, dass die Daten strömen. Diese Maschinen laufen üblicherweise auf einem Betriebssystem namens Unix. Fast alles, was dort geschieht, wird mit einem sogenannten Zeitstempel versehen. Zum Beispiel wurde dieser Satz in der Sekunde 1505427123 geschrieben, also gut anderthalb Milliarden Sekunden nach dem Beginn der Zeitrechnung. Den Anfang, auf Englisch »the epoch«, hat ein Ingenieurkomitee auf den 1.1.1970 um null Uhr UTC gelegt, also auf den ersten Jahresbeginn nach der Erfindung des Unix-Betriebssystems. Alles, was davor liegt, wird mit einem Minuszeichen notiert.

Geburtsjubiläen werden auch im Unix-Universum gefeiert, es handelt sich allerdings nicht um Tage, sondern um Sekunden. Die bisher größte Geburtssekunde mit der Zahl 1000000000 begingen die Unix-User im Jahr 2001 am frühen Morgen des 9. September um genau 1 Uhr 46 und 40 Sekunden.

Name und Zahl

Vor dem Jahr 1600 finden sich nicht allzu viele Zeugnisse für die Feier eines Geburtstags. Vielleicht gibt es in dem riesigen und noch schlecht erschlossenen Korpus spätlateinischer Literatur einige Geburtstagsgedichte, aber viel würde ich dort nicht vermuten. Schlicht aus dem einfachen Grund, weil vor 1600 nur sehr wenige Menschen ihren Geburtstag überhaupt kannten.

In adligen Kreisen mag man ihn wohl gefeiert haben, aber wer und wann und wo, lässt sich schwer ermitteln. Anfang des 17. Jahrhunderts, mitten im Dreißigjährigen Krieg, ändert sich das. Eine wichtige Quelle ist das Werk des Dichters Paul Fleming. Als er 1640 stirbt, hinterlässt er eine große Zahl von Glückwunschgedichten. Sie klingen nicht so, als würden sie einem gerade ganz neu erfundenen Fest gelten. Vielleicht aber doch einer Feier, die seinerzeit gerade erst in den gehobenen und gebildeteren Kreisen in Mode gekommen ist. »Noch ein Anders« [sic!] ist eines dieser Gedichte betitelt:

> Es ist noch eben Zeit. Wir hätten bald versäumet
> den lieben schönen Tag, weil uns zu süße träumet,
> und wir was spat erwacht; es ist noch eben Zeit.
> Gebt euch, geliebter Freund, gefangen, wie ihr seid!
> Das Binden steht bei uns, gleichwie bei euch das Lösen.
> Und gläubt: diß, was wir tun, geschicht aus keinem Bösen.
> Viel kosten darf es nicht, nur daß man sagt noch heut':
> ihr habt euch so gelöst, wie ihr gebunden seid.

Es handelt sich um das dritte in einer Serie von Geburtstagsgedichten, nach »Auf eines guten Freundes Geburtstag« und »Ein anderes an den Freund einen«. Was es mit dem Binden und

Lösen auf sich hat, werden wir noch genauer zu klären haben. Vorab nur ein Hinweis zur Erklärung. Es war üblich, Geschenke oder kleine Gaben an den Arm zu binden. Um von dem Gebinde befreit zu werden, musste man sich auslösen, meist mit Getränken oder Essen.

Fleming hat nicht nur Gedichte zu Geburtstagen verfasst. Häufiger sind noch die Wünsche zum Namenstag. In den kurzen 30 Jahren, die er lebte, schrieb er mehr als hundert Glückwunsch- und Gedenkgedichte. Auf Hochzeiten fallen 31, Todestagen gelten 36, zum Namenstag gratulieren 24, und für Geburtstage gibt es insgesamt nur 14. Das scheint die alte These zu bestätigen, dass Namenstage den Geburtstagen vorausgehen. Doch vertreten manche Historiker auch die umgekehrte Meinung, dass nämlich zuerst in protestantischen Milieus das Geburtstagfeiern üblich wurde und dann die Katholiken mit dem Namenstag nachzogen.

Die Gedichte von Fleming sprechen für keine von beiden Thesen. Im Gegenteil, bei ihm sind beide Feiern und beide Glaubensrichtungen vermischt. Ein Gedicht betrifft sogar den seltenen Umstand, dass Namens- und Geburtstag einer Person auf denselben Tag fallen, dass sie also auf den Heiligen ihres Geburtstags getauft wurde. Ein anderes richtet sich an den Pfarrer der evangelischen Gemeinde in Moskau, wo sich Fleming in der zweiten Hälfte des Jahres 1634 aufhielt. Obwohl für einen Protestanten, gilt es dem Namenstag des Herrn Martin Müntersberger, also dem 11. November. Es scheint also in jener Zeit keinesfalls so gewesen zu sein, dass Katholiken nur Namenstag und Evangelische nur Geburtstag feierten. Flemings Sammlung von Glückwünschen vermittelt den Eindruck, dass im frühen 17. Jahrhundert sowohl Geburtstage als auch Namenstage gefeiert wurden, und zwar von Gläubigen beider Konfessionen gemischt.

Fleming richtete seine Gedichte an die Gesellschaft, in der er sich bewegte. Der Herkunft nach war er nicht sonderlich wohlhabend und keineswegs adlig. Er studierte, stand dann im Dienst des Herzogs von Schleswig-Holstein-Gottorf und reiste mit einer Gesandtschaft nach Moskau. 1635 begleitete er sie auf einer weiteren Reise nach Persien. Dahinter stand der verwegene Plan eines deutschen Provinzherrschers, mitten im Durcheinander des Dreißigjährigen Krieges einen neuen Handelsweg nach Fernost zu suchen. Die Portugiesen hatten den Weg nach Indien über See gesucht und gefunden. Die Holländer wurden mit dem Ostindienhandel reich. Seit Russland sich nach Osten ausdehnte, schien auch der Weg über Land wieder offen, in der Theorie jedenfalls. Die an sich weitsichtige und wegweisende Idee war nicht von Erfolg gekrönt. Das zentralasiatische Gottorfistan wurde nie gegründet. Fleming kehrte von der erfolglosen Erkundungstour nach Persien wohlbehalten zurück. Schon vor der Abreise hatte er sich in Estland verliebt. Als er 1640 von Holstein nach Tallinn (oder Reval, wie damals die Deutschen sagten) zu seiner Geliebten zurückkehren wollte, erkrankte er auf der Reise an einer Lungenentzündung und starb. Zeit seines Lebens befand sich seine Heimat im Krieg. Kein Wunder, dass Fleming umherreiste, so viel es ging, und seine Freunde daher oft aus großer Ferne mit Glückwünschen versorgte.

Die Nachahmung adliger Sitten spielt bei der Verbreitung des Geburtstagsfestes eine große Rolle. Die meisten Adressaten der Glückwünsche Flemings waren entweder Aristokraten oder Akademiker. In deren Kreisen bewegte er sich, an sie richtete er seine Gedichte. Das akademische Umfeld strebte in jener Zeit nach Nähe zum Adel. Flemings Karriere gibt dafür ein Beispiel. Nach dem Studium der freien Künste und der Medizin trat er in den Dienst eines Herzogs. Auch formal lehnten sich die akademischen Titel wie der Doktor an die aristokratischen Würden und Privilegien an. Daher lag es in akademischen Kreisen nahe, auch die Sitten der Adligen zu übernehmen, darunter das Geburtstagsfest.

Es bleiben ein paar Rätsel, was das plötzliche Auftauchen des Geburtstags betrifft. Warum kommen beide, Namenstag und Geburtstag, zugleich auf? Wie kommt es, dass sich ihre Wege dann später trennen?

Sicher ist, dass die Verteilung der Namenstage und der Geburtstage um 1900 mit den Konfessionsgebieten im deutschen Sprachraum ziemlich genau übereinstimmte. In den katholischen Gebieten wurde der Namenstag gefeiert, in den protestantischen Ländern hatte sich der Geburtstag durchgesetzt. In wenigen Gegenden beging man beide Feste und unter ärmeren Leuten sowieso in der Regel gar keines. Das geht aus einer Untersuchung hervor, die die Deutsche Gesellschaft für Volkskunde 1930 durchführte.

Beide Feste gleichen sich in vielerlei Hinsicht. Sie unterscheiden sich von den meisten anderen Feiern dadurch, dass sie von einem individuellen Anlass ausgehen. Das ist etwas sehr Ungewöhnliches. Private Feste der Art gab es bis dahin nur sehr wenige. Unter Flemings Gratulationen finden wir neben Geburts- und Namenstagen eine ganze Liste persönlicher Anlässe wie Hochzeiten oder Studienabschlüsse. Allerdings heiratete man üblicherweise nur einmal, und auch das Studium wird nicht mehrmals abgeschlossen. Die Tatsache, dass Geburtstagsfeste sich jährlich wiederholen, führt zu einer wahren Inflation des personenbezogenen Feierns. Nur um daran zu erinnern: Normale Feste unterscheiden sich von diesen Anlässen ganz grundsätzlich. Sie werden von einer Gemeinschaft aus einem gemeinschaftlichen Anlass begangen. Mit den Geburts- und Namenstagen kommt ein neuer Typ von Privatfesten auf.

Beide Feste sind an verschiedene Daten gebunden. Mit der Geburt feiert man einen persönlichen Zeitpunkt. Im Namen steckt die Kirche und ihre Liste von Heiligen. Man muss einen Namen tragen, der dort verzeichnet ist. Das war übrigens keinesfalls selbstverständlich. Die meisten volkstümlichen Namen stammten nicht aus dem Katalog der Heiligen. Um das zu ändern, erließ die katholische Kirche zwei Dekrete. Sowohl der »Catechismus Romanus« (1566) als auch das »Rituale Romanum« (1614) empfahlen den Gläubigen der Papstkirche, ihren Kindern die Namen von Heiligen zu geben. Man wird kaum falschliegen, beide Verordnungen im Zusammenhang mit der Feier der Namenstage zu sehen, einerlei, ob sie neu propagiert oder wieder erfunden war. Vermutlich beides. Denn die Tage der Heiligen wurden selbstverständlich schon sehr lange gefeiert. Sie traten als kirchliche Feste an die Stelle der römischen Kulte. Der Martinstag ist eines dieser alten Namensfeste, das sich bis heute großer Beliebtheit erfreut, vielleicht weil die Geschichte von Martins milder Gabe an ein Leben jenseits des Wettbewerbs erinnert.

Was neu hinzukommt, ist nicht der Namenstag an sich. Den gibt es schon. Die Neuerung liegt im individuellen Format, das die Feier des Heiligen jedem Einzelnen von uns ganz persönlich zuordnet. Was bleibt, ist der Umweg über die Institution Kirche, also die Verwaltung der Heiligen. Das entfällt beim Geburtstag. Kirchen müssen daran nicht beteiligt sein, nicht einmal Götter. Im Gegensatz zum Namen des Heiligen gehört unsere Geburt ganz uns selbst. Auch darin liegt ein Grund, warum ihre Feier sich über den ganzen Globus verbreiten konnte.

Im Geburtstagsfest steckt nicht nur ein privater, sondern auch ein politischer Kern. Das Datum der Geburt war Aristokraten schon allein deshalb wichtig, weil es über die Erbfolge entscheiden konnte. Geburten, Heiraten und Todesfälle wurden also unter den weitverzweigten Dynastien immer sorgfältig notiert, bildeten sie doch die Grundlage ihrer Macht. Dazu kam in der Renaissance noch ein anderer Zusammenhang, der sogar dem Zeitpunkt der Geburt Bedeutung gab. Mit der Wiederentdeckung des antiken Wissens fanden auch Astronomie und Astrologie wieder mehr Aufmerksamkeit. Planeten standen ab der Renaissance unter genauester Beobachtung. Man darf nicht vergessen, dass in jener Zeit große neue Erkenntnisse über die Gestirne gewonnen wurden. In seinem 1543 gedruckten Buch »De revolutionibus orbium celestium« warf der Astronom Kopernikus das damals offizielle Weltbild über den Haufen, indem er erklärte, wie die Planeten inklusive der Erde die Sonne umkreisen. Seitdem steht das lateinische Wort »Revolution« nicht mehr einfach nur für Kreisbewegung, sondern eben auch für jene Art radikaler Umwälzungen, die wir »Revolutionen« nennen. Er war übrigens auch der Erste, der das für die Kalenderwissenschaft so wichtige Phänomen der Präzession, also des Torkelns der Erdachse korrekt erklärte. Dann kam Galileo Galilei, der seine Berechnungen bestätigte und als erster Mensch Monde und Planeten mit einem Fernrohr betrachtete. Der Astronom Kepler fand die dazugehörigen Gesetze der Planetenbewegung. Zumindest Letzterer hat sich gelegentlich auch als Astrologe betätigt. Noch waren die Grenzen zwischen den Disziplinen des Wissens und denen des Wünschens nicht klar gezogen.

Die revolutionären Erkenntnisse über den Himmel fallen in eine politisch und vor allem religionspolitisch aufgeheizte Phase. Sowohl der Papst als auch die Protestanten verurteilten die These, dass sich die Erde um die Sonne bewegt. Luther soll sich von Kopernikus nach dem Erscheinen der »Revolutionen« distanziert haben, weil er »die gesamte Astrologie umkehren will«. Als Galilei ein Dreivierteljahrhundert später vom Papst genötigt wurde, seine Erkenntnisse zu widerrufen, stand ihm ein drastisches Beispiel vor Augen. Im Jahr 1592 war er auf einen Lehrstuhl der Mathematik in Padua berufen worden, auf den sich auch Giordano Bruno beworben hatte. Bruno wurde wegen seiner Theorie der unendlich vielen Welten angeklagt, verhaftet und verhört. Er weigerte sich zu widerrufen und wurde im Jahr 1600 in Rom auf dem Scheiterhaufen verbrannt.

Parallel zu den traditionellen Wissenschaften entstand auf dem neuen Markt der gedruckten Bücher eine große Nachfrage nach anderen Wissensformen. Teils waren sie von denselben Machtfantasien getrieben, die auch die technischen Innovationen der Zeit begleiteten. So besaß beinahe jede Wissenschaft mehr oder weniger fantastische Begleiter im Reich der Magie. Für die Astronomie hieß die parallele Sternkunde Astrologie. Wie ihre Schwesterdisziplin konnte sie auf eine jahrtausendealte Tradition zurückblicken, denn schon immer hatten sich Sternkundige auch mit der Zukunft und der Wahrsagerei beschäftigt. Die meisten Horoskope beziehen sich auf den Stand der Gestirne bei der Geburt. Wie alle wissen, die sich mit Astrologie beschäftigen, zählt hier nicht nur der Tag, sondern auch die genaue Zeit. Als daher zusammen mit Astronomie, Mathematik und dem Buchdruck auch die Astrologie wieder populär wurde, bekam der genaue Zeitpunkt der Geburt eine neue Wichtigkeit.

Papiere, Notizen, Verträge

Geburtstag kann nur feiern, wer ihn kennt. Im 17. Jahrhundert hatten die Staaten ihre Verwaltung noch nicht auf die Daten der Bürger ausgedehnt, nicht zuletzt weil ihnen dazu die Kapazitäten fehlten. Das heißt, die Buchführung über das Leben lag in den Händen der Familie. Und hier scheint eine wenig erforschte, aber wichtige Neuerung Eingang gefunden zu haben. Der französische Historiker Philippe Ariès berichtet, dass es im Elsass und in den deutschsprachigen Gebieten im 16. Jahrhundert üblich geworden sei, ein sogenanntes Hausbüchlein zu führen. Darin notierte man alle wichtigen Vorkommnisse, bis hin zu den familiären Finanzangelegenheiten. Die Familiennotizen erstreckten sich selbstverständlich auch auf die Geburten.

Die Praxis der häuslichen Notizen stellt die nächste Frage. Warum begann man damit gerade in dieser Zeit und nicht vorher? Darauf gibt es tatsächlich eine einfache Antwort. Alledem liegt ein und dieselbe technische Neuerung zugrunde, und zwar das Papier. Bevor die Europäer damit begannen, Papier in großen Mengen und billig herzustellen, waren Notizen jeder Art eine teure Angelegenheit. Importierter Papyrus oder teures Pergament blieben klösterlichen Schreibwerkstätten oder königlichen Verwaltungen vorbehalten. Normale Sterbliche hatten darauf keinen Zugriff. Dabei kannten die Chinesen Papier seit einem guten Jahrtausend, ohne aber die Produktion je in dem Maß industrialisiert zu haben, wie es ab dem Ende des 13. Jahrhunderts in Europa geschah. Trotzdem blieb es noch eine Weile ein Luxusprodukt. Wirklich ändern sollte sich das erst mit dem Buchdruck. Dabei muss man beachten, dass auch die neuen Bücher erst einmal als Luxusgegenstände gedacht waren. Gutenbergs Ziel war nämlich nicht, möglichst viele Bibeln herzustellen, sondern besonders schöne, dank der Gleichmäßigkeit der gegossenen Lettern. Dass dann ziemlich bald sehr viele Leute genau diese schönen Bücher haben wollten, steht nicht auf einem anderen, sondern genau auf demselben Blatt Papier. Die massenhafte Nachfrage nach Büchern förderte im Gegenzug die Erfindung von immer besseren und billigeren Methoden des Papiermachens.

Auch die Kirche fand Wege, den medialen Umbruch des Buchdrucks für ihre Zwecke zu nutzen. Sie erfand ein Verfahren, mit Hilfe von billigem Papier immense Einnahmen zu generieren. Das Ganze müsste uns nicht weiter interessieren, wenn es nicht für das Geburtstagsfest so bedeutsam wäre. Denn die Papiere der Kirche verbreiteten erstens ein neues Rechtsverständnis und erregten zweitens so viel Zorn, dass sie zum Anlass der Reformation wurden.

Es handelt sich um die sogenannten Ablassbriefe. Sie schließen einen Vertrag. Der Gläubige zahlt, und im Gegenzug erlässt die Kirche seine Sünden. Die große und folgenreiche Neuerung bestand darin, jeden einzelnen Sünder und also jeden Gläubigen zu einem Vertragspartner zu machen. Es gab auch schon vorher ein individuelles Kontrollritual der Kirche, die Beichte. Aber sie setzt keinen Vertrag auf, sondern fordert nur ein Geständnis. Niemand muss dafür geschäftsfähig sein. Sprechen genügt. Ablassbriefe dagegen waren so gut wie Geld drucken. Da jeder Mensch von Geburt an mit der Erbsünde belastet ist, konnte die Nachfrage nach Erlass der Sünden nie versiegen. Die Einnahmen gingen zu einem Viertel an den Fürsten, in dessen Gebiet der Verkauf zustande kam. Ein Viertel ging an den Ablassprediger. Und die Hälfte finanzierte den Bau des großen Tempels der Sündenbehörde, den Petersdom in Rom, Bauzeit 1506 bis 1626. Deutschland scheint ein besonders florierender Markt für Ablässe gewesen zu sein. Das Druckwesen blühte, und die Bewohner des

Landstrichs ließen sich offenbar schon immer gerne mit allerlei Heilsversprechen übers Ohr hauen.

Um auch die niederen Stände zu erreichen, waren die Tarife sozialverträglich geregelt, nämlich je nach Vermögen individuell abgestuft. Erzbischof Albrecht von Brandenburg gab im Jahr 1517 ein kleines Marketing-Brevier für den Ablassverkauf heraus:

Vor allem müssen die Ablassverkäufer und Beichtväter, nachdem sie den Beichtenden die Größe dieser vollkommenen Nachlassung und ihrer Wirkungen erklärt haben, sie fragen, für wie viel Betrag, Geld oder andere zeitliche Güter sie nach ihrem Gewissen die genannte vollkommene Nachlassung mit ihren Wirkungen nötig zu haben meinen. Dies darum, damit sie darauf die Leute umso leichter zum Zahlen bewegen können. Und da die Zustände der Menschen allzu mannigfaltig und verschieden sind, dass wir sie nicht erwägen und so bestimmte Taxen auferlegen können, so schien uns, dass solche Taxen im Allgemeinen folgenderweise unterschieden werden können:

Die Könige und Königinnen sowie ihre Kinder, die Erzbischöfe und Bischöfe sowie andere große Fürsten, die sich in die Orte begeben, in denen das Kreuz aufgestellt ist, oder sonst dort befinden, sollen mindesten 25 rheinische Goldgulden bezahlen. Die Äbte und großen Prälaten der Kardinalkirchen, Grafen, Barone und andere mächtige Edelleute und ihre Frauen sollen jeweils 10 Goldgulden zahlen. Andere Prälaten und kleinere Edelleute, wie auch die Rektoren berühmter Orte, und alle anderen, die, sei es von beständigen Einkünften, sei es von Kaufhandel, durchschnittlich im Jahr 500 Goldgulden Einkommen haben, sollen 6 rheinische Goldgulden zahlen. Andere Bürger und Kaufleute, die durchschnittlich 200 Goldgulden einnehmen, sollen 3 rheinische Goldgulden zahlen. Andere Bürger, Kauf- und Handwerks-

leute, die eigene Einkünfte und Familie haben, sollen einen
Gulden bezahlen, andere kleinere Leute einen halben
Gulden.

Wenn wir davon ausgehen, dass 200 Gulden als überdurch-
schnittlicher Jahresverdienst gelten können, würden dem heute
etwa 80 000 Euro entsprechen. Der Ablass für den gehobenen
Mittelstand wäre demzufolge für einen Basispreis um 1200 Euro
zu haben gewesen. Kein Wunder, dass die Sünder auf die Idee
kommen, diese Kosten für die Reinigung der Seele wieder ein-
zutreiben. Nachdem die Kirche das Seelenheil schon einmal als
verkäuflich erklärt hatte, liegt es nur nahe, den Handel nicht nur
den Pfaffen zu überlassen, sondern auch selbst in das profitable
Geschäft einzusteigen.

Der springende Punkt bei der ganzen Sache liegt darin, dass
hier, und das ist neu, der Gläubige als Rechtssubjekt in ein Ver-
tragsverhältnis gebracht wird. Bisher trat er seinen Pastoren als
Schaf gegenüber. Schafe sind alle gleich und folgen der Herde.
Doch das individuelle Stück Papier verwandelt die Herde der
Gläubigen in eine Vielzahl einzelner Kunden. Hier setzt sich genau jene Privatisierung in Gang, an deren Ende das private Fest
des Geburtstags steht. Als Rechtssubjekt steht jeder und jedem
Einzelnen nicht nur eine verkäufliche Seele zu, sondern auch ein
Tag, um sich selbst zu feiern. Ob das am Namens- oder am Ge-
burtstag geschieht, bleibt sich erst einmal gleich. Wer eigene Sünden mit eigenem Geld auslösen kann, der darf sich auch selbst
feiern. Das Medium dieses Wandels ist das Papier, die Form der
Vertrag und der erste großer Profiteur die Kirche in Rom.

Reformation

Es waren besonders die Verkaufspredigten des Ablasshändlers Johann Tetzel, über die sich der Mönch Martin Luther maßlos geärgert haben muss. Ab 1515 trieb Tetzel in Luthers Heimat sein Unwesen. Der Bischof von Meißen hatte ihn mit der Vermarktung, wie man heute sagen würde, des Petersablasses beauftragt, den Papst Leo X. speziell zum Bau des Doms herausgegeben hatte. Luthers erste Fassung seiner Disputation gegen den Ablass datiert vom Oktober des Jahres 1515. Ob er die Thesen zwei Jahre später wirklich am Tor der Wittenberger Kirche angeschlagen hat, ist nicht gesichert. Auf jeden Fall schickte er die erste Version an den Bischof Albrecht von Magdeburg und Mainz, also genau an den Herrn, der dann die sozialverträgliche Verkaufsempfehlung herausgab. Eine Antwort blieb aus. Kein Wunder, strichen die Bischöfe doch im Einvernehmen mit dem Papst einen schönen Anteil an den Ablässen ein.

Luther verurteilte das Geschäftsmodell der Ablassbriefe aber nicht vollständig. Denn einige Grundlagen stellte er nicht in Frage. Zum Beispiel die, dass jeder Mensch ein Register an Sünden mit sich herumschleppt. Das gilt nach wie vor. Daran, dass diese Sünden vergeben werden können, besteht ebenfalls kein Zweifel. Luther bezweifelt daher eigentlich nicht die Rechtmäßigkeit des Vertrags, sondern nur die Zuständigkeit eines der beiden Vertragspartner.

These 5 sagt: »*Der Papst will und kann nicht irgendwelche Strafen erlassen, außer denen, die er nach dem eigenen oder nach dem Urteil von Kirchenrechtssätzen auferlegt hat.*« These 20 und 21 führen aus: »*Deshalb meint der Papst mit ›vollkommener Erlass aller Strafen‹ nicht einfach ›aller‹, sondern nur derjenigen, die er selbst auferlegt hat. Es irren daher diejenigen Ablassprediger, die da sagen, dass ein Mensch durch Ablässe des Papstes von jeder Strafe gelöst und errettet wird.«* Und in These 76 heißt es: *»Wir sagen dagegen: Die päpstlichen Ablässe können nicht einmal die kleinste der lässlichen Sünden tilgen, was die Schuld betrifft.«* Die Straf- und Sündenlogik der Kirche stellt Luther an keiner Stelle in Frage. Er will nur die Zuständigkeit des Papstes oder irgendwelcher von ihm beauftragten Zwischenhändler loswerden. Damit übernimmt er die Rechtsfigur des Gläubigen als Vertragspartner. Und noch mehr. Er bestärkt dieses Vertragsverhältnis und macht es zur Grundlage einer neuen Form des Christentums. Von nun an findet der Glaube allein zwischen zwei Seiten statt. Nämlich zwischen Gott und dem Gläubigen, nach einem Gesetz, das sich allein aus der Bibel herleitet. Keine Zwischeninstanz hat etwas zu melden, sei es der Papst oder die Kirche. Aber es bleibt ein Vertragsverhältnis, und zwar eines, das jede Christin und jeder Christ für sich allein eingeht.

Papier bleibt das Medium, in dem der Religionskonflikt ausgefochten wird. Luthers Forderungen werden nicht durch den Anschlag der Thesen, sondern durch eine gedruckte Predigt bekannt. Zum ersten Mal haben wir es mit einem Medienwandel zu tun, der eine Volksbewegung auslöst. Ganz konsequent folgt als nächster Schritt Luthers, die Bibel in eine lesbare deutsche Fassung zu bringen. Die geniale Tat des Reformators bestand nicht darin, die Heilige Schrift zu übersetzen. Daran hatten sich schon andere versucht. 14 verschiedene Teilübersetzungen waren bereits erschienen. Aber sie waren unverständlich, weil im Theologenjargon geschrieben. Luther brachte die Heilige Schrift in ein Deutsch, das den einfachen Leuten auf der Straße abgehört war. Bis Ende des 16. Jahrhunderts wurden von diesen populären Bibeln so viele gedruckt, dass rein rechnerisch jeder dritte Bewohner des Staatensammelsuriums namens Heiliges Römisches Reich Deutscher Nation seine eigene besaß.

Die Kirche Roms blieb nach Luthers ersten Schritten nicht lange untätig. Ab 1532 gaben die Jesuiten dem Katholizismus einen neuen intellektuellen Zuschnitt, was sie insbesondere erfolgreich auf das Erziehungswesen übertrugen. Ab 1545 rief das Konzil von Trient ganz offiziell zum Gegenschlag gegen die Reformation auf.

Zahl gewinnt

Die weitere Entwicklung von Namens- und Geburtstag können wir vom Ende her erzählen. Heute wird so gut wie nirgends mehr Namenstag gefeiert. Der Geburtstag hat auf ganzer Linie gewonnen. Dass das so kommen musste, wäre wohl etwas zu viel gesagt. Der Geburtstag ist das einfachere und direktere der beiden Feste. Wenn schon Privatfest, dann eines, das sich ganz aus dem eigenen Datensatz speist. Der Namenstag dagegen musste immer den Umweg über einen kirchenamtlichen Heiligenkalender nehmen. Hinter der Konkurrenz von Zahl oder Name steht der Gegensatz von Staat und Kirche. Im Geburtstag feiert der Bürger seine freiwillige Zuordnung zu den staatlich erhobenen Geburtsdaten.

Im frühen 20. Jahrhundert war der Konflikt zwischen Namens- und Geburtstag noch nicht entschieden. Jedenfalls in Mitteleuropa, und das heißt in der Gegend, aus der die beiden Feste in ihrer neuzeitlichen populären Form aller Wahrscheinlichkeit nach stammen. Dort feierten, wie schon gesagt, die Katholiken den Namen, die Protestanten die eigene Geburt. Die eigentlich spannende Frage ist nun: Wie kam es zu diesem Auseinanderdriften, wo offenbar doch am Anfang beide Feste kreuz und quer zu jeder Religionszugehörigkeit von allen begangen wurden? Meine Vermutung ist ungefähr diese. Paul Flemings Gedichtsammlung spiegelt die Lage auf einem Höhepunkt der Religionskämpfe wider. Mit dem Westfälischen Frieden von 1648, also acht Jahre nach seinem Tod, wurde die Frage der Religionszugehörigkeit formell geklärt. Cuius regio, eius religio. Wessen Herrschaftsbereich, dessen Religion. Die Staaten hatten ihre Waffen mit einem Patt niedergelegt. Aber die Konkurrenz der beiden christlichen Glaubensrichtungen war damit noch keineswegs überwunden. Im Gegenteil. Sie verlagerte sich vom Krieg zwischen den Staaten in die private Sphäre jedes Einzelnen. Da beide Religionen ihre Gläubigen zu Vertragspartnern gemacht hatten, wurde die Zuordnung zu einer ganz individuellen Entscheidung. Dieser Kampf um den privaten Glauben findet genau auf dem Schauplatz des einzelnen Individuums statt, auf den sich auch die beiden Feste beziehen.

Die Katholiken, für die zwischen Gott und Gläubigem immer Priester und Kirche vermitteln, feiern stellvertretend den Heiligen als Namensgeber des eigenen Selbst.

Die Protestanten haben es in der Hinsicht einfacher. Sie können sich vom Adel die Geburtstagsfeier abschauen. Genauso, wie hier nichts zwischen Gläubigem und Gott stehen darf, bildet auch der Geburtstag einfach das Datum der eigenen Geburt ab. Als direkter Vertragspartner Gottes braucht der Gläubige nichts weiter, um sich selbst feiern zu können.

Dass sich die beiden Feiern derart auseinanderentwickeln, muss später passiert sein. Und dafür gibt es eine gute Erklärung. Der Konflikt zwischen den beiden Glaubensrichtungen trat vom staatlichen in den privaten Bereich über. Dabei ließen sich die beiden verschiedenen Feste, gerade wegen ihrer gemeinsamen Anlage im Privaten, leicht mobilisieren. Sie erfüllten den Zweck, Unterschiede zwischen den beiden Glaubensrichtungen im Privaten abzubilden und zu bestärken. Darin liegt wohl auch der Grund, dass die moderne Tradition des Geburtstags ausgerechnet jenem Sprachraum entspringt, der auch die Glaubensspaltung hervorgebracht hat. Man kann dieses Gebiet nicht als »Deutschland« bezeichnen, denn dieses Land ist eine viel spätere Erfindung. Für die Vermutung, dass sich Geburtstag und Namenstag erst spät voneinander trennen und gegeneinandergestellt werden, spricht übrigens auch die Tatsache, dass sich die Zuordnung von Fest und Religion in den Randgebieten des deutschen Sprachraums nicht durchsetzte. In Siebenbürgen mit einem Großteil reformierter Siedler behielt man den Namenstag bei. Auch im Elsass feierten die Evangelischen den Namenstag. Dagegen neigte die katholische Bevölkerung Oberschlesiens dem Geburtstag zu. Offenbar schlugen die kirchenpolitischen Konflikte auf diese Randgebiete nicht voll durch, und die Frage, welches Fest zu feiern war, blieb regionalen Zufällen überlassen.

Absolute Spektakel

In der Zeit des Absolutismus gab es für Aristokraten keinen Grund mehr, auf die Feier des Geburtstags zu verzichten. Die Kirche hatte ihre Macht über sie verloren. Dem absoluten Herrscher bot der Geburtstag einen idealen Anlass, seine Macht zu repräsentieren. Wer sagen kann »Der Staat bin ich« – »L'État, c'est moi« –, der muss sich von niemandem mehr beim Feiern des eigenen Selbst dreinreden lassen. Trotzdem erreichen uns vom Hof des Sonnenkönigs in Frankreich eigenartige Nachrichten. Liselotte von der Pfalz lebte als Schwägerin von Ludwig XIV. gut 50 Jahre lang am absolutistischen Vorzeigehof vor Paris. Im Jahr 1718 berichtete sie, in Versailles sei das Feiern des Geburtstags ganz aus der Mode gekommen. Und zwar schon seit 25 Jahren.

In Deutschland dagegen, wo die Fürsten und Herzöge jener Zeit nichts Besseres zu tun wussten, als dem Sonnenkönig nachzueifern, sprach sich das wohl erst mit einiger Verspätung herum oder auch gar nicht. Den Miniaturhofstaaten bot das Fest eine willkommene Gelegenheit, dem vermeintlichen Vorbild in Paris zu folgen, was Pracht, Protz und Verschwendung betraf. Die Festprogramme umfassten neben allerlei Unterhaltungsspektakeln auch kulturell hochangesehene Darbietungen. Der Konzertmeister Johann Beer berichtet beispielsweise vom Schloss Neu-Augustenburg im Herzogtum Sachsen-Weißenfels, wo unter anderem Werke von Johann Sebastian Bach uraufgeführt wurden und das Talent des späteren Komponisten Händel entdeckt wurde: »Am 5t. Maii (1698), wurde auf hiesigem Schlosse wegen des Geburths-Tages der Herzogin allerhand Kurtzweillen, mit Comœdien, Operen, und Redutten angestellt, auch auf der Leislinger Wiese eine kostbare Lauber-Hütte und Allee mit Emblematibus und drey *spring-Brunnen, samt einem großen Schiff auf der Sale zuegerüstet. Daselbsten stunde eine Theatrum von Tannen-Bäumen stunde (!), darauf eine Schäfferey sollte praesentieret werden, hat aber wegen einbrechendem und 4. Tag lang anhaltenden Regen Wetter, unter bleiben müssen.«* Schäferspiele waren bei diesen Gelegenheiten der letzte Schrei. Die Bauern der Herrschaft ließen sich günstig als idyllische Staffage requirieren und wurden den Gästen zu deren Amüsement vorgeführt. Eine andere beliebte Festkulisse waren die Jahrmärkte. So wurde im Jahr 1700 zum Geburtstag des Kurfürsten Friedrich III. von Brandenburg eine Dorfkirmes inszeniert, *»wo es allerhand Buden gab, in denen man für nichts Schinken, Wurst, Ochsenzungen, Wein, Limonade, Tee, Kaffee, Chocolade und ähnliche Dinge kaufen konnte«*. Von einer solchen Veranstaltung haben wir noch einen ausführlichen Bericht.

Am 8. März 1715 fand die Geburtstagsfeier des Herzogs August Wilhelm von Braunschweig statt. Zum genauen Ablauf des gesamten Tages ist uns eine 32 Seiten lange Schilderung erhalten geblieben, verfasst von seiner Gattin Elisabeth Sophie Marie von Schleswig-Holstein-Norburg. Fünf Jahre zuvor hatten die beiden geheiratet, ein Zweckarrangement zwischen einer 21-Jährigen und dem 38 Jahre alten Thronfolger. Aus dessen dritter Ehe sollten endlich Nachfolger entspringen. Allerdings wusste der ganze Hof darüber Bescheid, dass der Herzog eher Männern als Frauen zugetan war. Nicht einmal er selbst machte daraus ein Geheimnis, sondern erklärte in aller Offenheit, er habe diese Neigung bei einer seiner Reisen nach Venedig an sich entdeckt.

Die junge Herzogin war gebildet und dem Schreiben zugeneigt. 1714 war ihr erstes Buch erschienen, eine erbauliche kurze Anleitung zum theologischen Selbststudium mit einem für die Zeit typischen langen Titel: *»Kurzer Auszug etlicher zwischen den Katholiken und Lutheranern streitigen Glaubenslehren, aus des Concilii zu Trient, und der Göttlichen Schrift eigenen Worten, wie auch der hierbeigefügten Päbstlichen Glaubens-Bekänntnis und*

Religions-Eide treulich gefasset, und zum nöthigen Unterricht, was jeder Theil glaubt und glauben soll«. Der Aufsatz trifft ziemlich genau in den Kern unserer Geburtstagsgeschichte. Er handelt nämlich davon, wie sich »jeder Theil«, also jede und jeder Einzelne zu Glaubensfragen verhalten soll. Das betrifft genau jene Privatisierung von Religion, die nach dem Westfälischen Frieden kam und das Feld aufmacht, auf dem sich der Geburtstag ausbreitet.

In zeitgenössischen Porträts tritt uns die Herzogin in häuslichem Umfeld als eine resolute, gut gebaute Madame mit einem schmallippigen, verschmitzten Lächeln gegenüber. Der Herzog dagegen ließ sich in Ritterpose mit Degen porträtieren, selbstgewiss und mit einem feisten und ein wenig verkniffenen Grinsen. Auf seinem beleibten Körper sitzt ein längliches Gesicht, eingewickelt unter der dicken Haube der damals üblichen Perücken.

Um die Durchführung des großen Festes kümmert sich die Herzogin höchstpersönlich, assistiert von der Frau Oberhofmeisterin von Rantzau. Am großen Tag hat morgens um neun der ganze Hofstaat in Galauniform zu erscheinen. Alle begeben sich in die Kirche und lauschen der Predigt. Nach den anschließenden Lobreden ziehen sich die Hauptpersonen in die *»in prächtiger Meublirung«* hergerichteten Gemächer zurück. Dort nehmen sie die *»Gratulations-Complimente«* entgegen und speisen, und zwar ausdrücklich *»nicht en public«*. Das eigentliche Fest beginnt am Nachtmittag. *»Zwischen 4. und 5. Uhr wurden Ihro Durchl. von Dero Frau Gemahlin Durchl. und deren Dames von da abgeholet und verfügten sich in die untersten Gemächer, woselbst sich der ganze Hof en masque eingefunden.«* Zum Maskenspiel erhält der Herzog als Geschenk ein weißes Pferd, das Wappentier des Hauses Braunschweig-Wolfenbüttel. Während der Übergabe spielt die Herzogliche Kapelle, deren Musiker als Nymphen und Schäfer und Bauern verkleidet sind, eine eigens für diese Gelegenheit komponierte italienische Serenade. Die

Stadt Braunschweig hatte in jener Zeit etwa 20 000 Einwohner, so viel wie heute eine mittlere Kreisstadt in Deutschland. Wir liegen wahrscheinlich nicht ganz falsch, wenn wir die musikalische Qualität der Darbietungen ungefähr beim Niveau eines Kleinstadtorchesters ansetzen. Die Melodie des Werks mit dem Titel »Der allerschönste Tag« ist uns leider nicht überliefert, wohl aber der Text. Hier eine Kostprobe:

Jetzt ist der höchst-beglückte Tag / An welchem August
Wilhelm kommen / Ein Herr / der klug und recht regieret /
Und der mit Recht Augustus Nahmen führet / Den seine
Tugend schon der Sterblichkeit entnommen.
Nymphen und Schäffer hängt der Freude nach / und feyret
diesen höchst=beglückten Tag.
Dieser Tag muß seyn gefeyret / Denn an der Weser / Elb /
und Rhein / Ist nie kein Tag mit solchem Schein / Von der
Sonnen ausgesteuret. ...
Coro: O schöne Morgen = Röth / beglücktes Licht /
o angenehmer Tag.

Derart eingestimmt, begeben sich der Hof und die Gäste nach oben in den großen Saal. Dort ist nach den Ideen der Herzogin ein kleiner Markt mit Ständen aufgebaut. Samt Gefolge macht seine Durchlaucht eine Tour von Stand zu Stand. In jeder *Boutique* wartet eine andere Attraktion – ein »*Charlatans-Theatrum*«, eine Lotterie-Bude, eine Kaffee-Boutique »*mit Confituren und Liqveurs bey zierlicher Illumination*«, eine Boutique mit Kupfersachen, eine mit Seidenem, eine mit Bildern, ein andere mit Spiegeln. Hinter den Ständen mimen Angestellte des Hofstaats die Händler – »*der Herr Professor CANDOR als Charlatan, der Herr Kammer=Juncker von DEHN als Scaramouche, der Herr Ober=Forst=Meister von LÖHNEISEN, als des Marckschreyers Frau / und die Fräul. von TRIBERGEN als dessen Toch-*

ter / die sämtlichen Hohen Herrschafften agreablement divertir-
ten / wornach der Herr von DEHN als Scaramouche eine Entreè
tantzete / zu welcher die Fräulein von TRIBERGEN mit eine
Fleute douce accompagnirte«.

Wahrscheinlich hat die Herzogin das Casting höchstpersönlich vorgenommen. Auf jeden Fall war die Rolle des Scaramouche, eines affektierten Aufschneiders, mit dem Grafen Konrad
Detlev von Dehn durchaus passend besetzt. Der Herzog hatte
von Dehn mit Regierungsantritt zum Kammerjunker ernannt,
obwohl ihn seine Finanzberater warnten, er sei unzuverlässig
und habe aus Gotha und Leipzig wegen Übertretung des siebten
Gebots flüchten müssen. Das tat seiner Karriere keinen Abbruch.
Erst wurde er zum Staatsrat, dann zum Geheimen Rat befördert,
und bald war er der mächtigste Mann im Herzogtum. Doch dann
schlug das siebte Gebot erneut zu. Dehn wurde der Unterschla-
gung und Finanzmanipulation überführt.

Vermutlich gab er seinen Scaramouche in der Boutique der
französischen Galanterien. Dort wurden dem Herzog *»auf frem-*
den und einheimischen Academien, und von vielen Literatis ge-
machte Carmina unterthänigst præsentiret«. Damals gehörte es
noch zur Aufgabe der lokalen Professoren und Lehrer, nach allen
Regeln der Kunst Gedichte für genau solche Gelegenheiten zu
verfertigen und sie am Ende selbst vorzutragen, gerne auch als
Marktschreier verkleidet. Den Höhepunkt der Unterhaltungs-
lyrik behält sich allerdings die Herzogin selbst vor. Wie sie ganz
unbescheiden anmerkt, zeichnet sich das von ihr eigenhändig
verfasste Bühnenstück dadurch aus, dass es *»durch seine scharff-*
sinnige Erfindung / artige Expressiones, und nett gesetzten Reimen
sich von allen andern distinguiret / und seine Durchl. Verfasserin
destomehr bewundern machte«. Um nur einen kleinen Einblick in
das Werk zu geben, seien einige der von Fräulein von NEGEN-
DANCK und dem Hof = Juncker von STENBERG vorgetragenen
Verse wiedergegeben:

Mein gantzes Hertze schwimmt in einer Freuden = See.

Ein Flammen = reicher Brand entzündet mein Gemühte

Ein heisses Feuer dringt durch Adern und Geblühte

Ein ungemeiner Zug

ein Antrieb aus der Höh

Das fest = geknüpffte Band

der Himmel Unsrer Ehe Wil

daß ich dieses Fest

Durchlauchtigster / begehe.

…

Er kennt / Durchlauchtigster

die Flammen meiner Brust.

So hat Penelope Ulyssem nicht geliebet

Ob schon die Vorder = Welt ihr schöne Nahmen giebet

So hat nicht Livia geehret den August.

Während derart die Überlegenheit des Braunschweiger Herzogs über Odysseus und auch den Kaiser Augustus besungen wird, jedenfalls in Liebesangelegenheiten, tischt man anderswo das Dinner auf. Nach der Darbietung begeben sich der Herzog, Hof, Gefolge und Gäste in den Speisesaal,

woselbst eine magnifique Tafel præpariret war / deren curieuse Einrichtung billig eine aparte Beschreibung meritirte; Kürtzlich aber war selbige folgender massen ein-gerichtet: die Taffel war nach der Proportion des Saals / die gantze Länge hindurch / in der Mitten derselben war ein Garten mit porcellainen Blumen = Töpffen / Blumen = Bett = künstlich geordneten Parterren / welche alle an statt des Sandes mit allerhand Farben kleinen Zucker = Körner ange-füllet waren / zu sehen. In dessen Mitte sahe man drey grosse von weiß candirten Zucker gemachte Piramiden, auf deren mittelsten zu oberst das Braunschweigische weisse

Pferdt / auf den beyden andern aber der gezogene Nahme
A. W. nebst einem Fürsten = Hut zu sehen war / alles von
hellgläntzenden candirten Zucker / auf dem Rande des
Gartens sahe man auf kleinen Postementen stehend / mit
allerhand Zuckerwerck angefüllete Töpffe / um den Garten
waren eine Menge Lichter rangiret / und durch selbige alles
sattsam illuminiret. Und war das übrige der Taffel mit
allerhand delicaten Speisen bedeckt.

Dem Essen folgt bis spät in die Nacht ein Unterhaltungspro-
gramm, für das die Gäste zu der Marktkulisse zurückkehren,
dort bewirtet werden und

die acht Dames aus den Boutiquen ein artig Ballet
tantzeten / nach dessen Endigung der Ball wieder
angieng / welcher bis nach Mitternacht um zwey Uhr
in höchster Vergnügung continuirete.

Das Schwelgen im inszenierten Einkaufserlebnis ahnt die Gegenwart unserer Geburtstage ein wenig voraus. Im 18. Jahrhundert spiegelt das Lob des Marktes und der importierten Luxus-
güter den Erfolg des französischen Merkantilismus und seiner
höchst produktiven Manufakturen wider.

Im vorgeführten Luxus des Hoflebens lässt sich ein Leiden
diagnostizieren, das der Soziologie Wolf Lepenies das Versail-
les-Syndrom genannt hat. Von sinnvollen Aufgaben sind die höheren Stände ganz entbunden. Das Regieren erledigen Räte wie
Graf Dehn. Vom wirklichen Leben und seinen Nöten könnte dieser Hofstaat nicht weiter entfernt sein. Als Schäfer und Nymphen
verkleidete Bauern verklären die Lebensbedingungen der Untertanen zu einem erotisierten Idyll. Feste oder Jagden zählen zum
beliebtesten Zeitvertreib der höfischen Gesellschaft, wo auf Etikette größten Wert gelegt wird. Die adligen Geburtstagsfeste er-

starren in den immergleichen Spektakeln und in dem Versuch, sich wechselseitig zu überbieten.

Selbst als längst bekannt hätte sein können, dass man am Hof in Versailles von solchen Geburtstagsspektakeln Abstand genommen hatte, trieb man es in den deutschen Kleinstaaten immer bunter. Herzog Karl Eugen, seit 1745 Herrscher über Württemberg, also genau der Karl Eugen, der den Dichter Christian Friedrich Daniel Schubart in der Festung Hohenasperg in Einzelhaft steckte und Schiller 1782 zur Flucht veranlasste, feierte seinen 35. Geburtstag ganz im Geist der Antike. In Ludwigsburg ließ er eine 300 Meter lange Orangerie bauen. Die Äste der Orangen- und Zitronenbäume wurden kunstvoll zu einem langen Gang gewölbt, durch den die Gäste hereinkamen. Als sie sich dem Schloss näherten, verzogen sich plötzlich auf ein Zeichen des Herzogs künstliche Wolken und gaben den Blick auf den Olymp mit all seinen Göttern frei. 20 000 Kerzen und Lampen erleuchteten im Schlosshof einen Palast, und während die Götter noch italienische Lieder trällerten, teilte sich plötzlich die Tafel, um aus ihrer Mitte eine Venus, umgeben von 16 Liebesgöttern, aufsteigen zu lassen. Damit nicht genug. Amor höchstselbst trat auf, schoss einen Pfeil gegen eine Mauer im Hintergrund, die daraufhin in sich zusammenfiel und den Zugang zum Ballsaal freigab. Den Schluss der Veranstaltung machte ein riesiges Feuerwerk von 14 000 Raketen. 6000 davon wurden auf einen Schlag abgebrannt. Allein die Kosten für das Feuerwerk wurden auf 50 000 Gulden geschätzt. Kein Wunder, dass derlei Aufgebot von aristokratischem Trash nach Revolution schrie. Egal, ob man in Versailles nun aus Langeweile oder Sparsamkeit auf Geburtstagsfeste verzichtet hat oder es nur tat, um sich von den Provinzadligen abzusetzen, die den Hals nicht vollkriegen konnten.

Bürger lernen feiern

Dem Bürgertum entgingen die Protz-Spektakel ihrer Herrschaften keineswegs. Zehn Jahre nach dem großen Fest in Ludwigsburg schildert Friedrich Nicolai in seinem Roman »Leben und Meinungen des Herrn Magister Sebaldus Nothanker« eine bürgerliche Fassung der adligen Eskapaden:

> Er machte einen Plan zu einem mythologisch-historischen Schäferspiele von dreyen Personen, der Marianens Beyfall erhielt. Hierauf waren alle insgeheim sehr geschäftig, Säugling, sein Spiel in Verse zu bringen, die Kinder, sie zu lernen, und Mariane, für Fräulein Adelheid die Tracht einer Nymphe, und für die jüngsten Fräulein und den kleinen Sohn des Predigers im Dorfe, Schäferkleider zu verfertigen.
> Als der Tag erschien, und die zu diesem Geburtsfeste aus der ganzen umliegenden Gegend zusammengebetenen Standespersonen von der Mittagstafel aufgestanden waren, wurden sie unter einem andern Vorwande in das Orangeriehaus geführet. Hier wurden sie durch eine Symphonie überrascht, und der Schauplatz öffnete sich. Er stellte entweder die elisäischen Felder oder die hesperischen Gärten vor, und bestand aus acht großen blühenden und Früchtetragenden Pomeranzenbäumen, die Hinterwand aber war von dem Gärtner mit Wintergrün und Blumenkränzen zusammengesetzt. Die Kinder traten auf, an deren Putze Mariane ihren ganzen Geschmack, und an deren Köpfen Picard seine ganze Kunst erschöpft hatte. Dies machte, daß das Spiel den Beyfall der Frau von Hohenauf erhielt, wozu auch nicht wenig beitragen mochte, daß sie darin als eine Göttin, und ihr Geburtstag als ein Götterfest vorgestellt war.

Ob sich Nicolai direkt auf die Eskapaden in Württemberg bezog, wissen wir nicht. Vermutlich ließ er seine Helden nur nachahmen, was bei den höfischen Geburtstagsfesten eben geboten werden musste. Es wird in seiner Zeit nicht wenige Bürger gegeben haben, die das adlige Fest zum Vorbild nahmen und tatsächlich versuchten, es mit ihren bescheidenen Mitteln nachzustellen.

Viel ist von der Kulturform der Aristokratenspektakel nicht übriggeblieben. Spätestens als man im Verlauf der Revolution den König und die Königin in Paris tatsächlich öffentlich hinrichtete, verging dem Adel die Lust auf dergleichen selbstverliebte Zurschaustellungen. In der Zwischenzeit wurde das Aristokraten-Fest unter den unteren Ständen fröhlich parodiert, was dort für allgemeine Erheiterung sorgte. Matthias Claudius' »Brief an Andres wegen den Geburtstägen im August 1777« berichtet von einer noch einmal weit spartanischeren Abwandlung des höfischen Vorbilds:

Mein lieber Andres,
Wir haben einen recht lustigen Tag gehabt. Du weißt wohl, ich habe vieles nicht, aber 'n Geburtstag hab ich doch, und der ist gefeiert worden. (…)
Um zwölf Uhr ward zur Tafel geblasen, und weil grade keine Trompeten und Pauken zur Hand waren, mußte ich's auf'm Triangel tun. Die Tafel war von acht Kuverts, und drei Gängen. Zuerst Reisbrei in einer großen Schale mitten auf dem Tisch, und nach kurzer Weile auch auf acht Teller rund um die Schale; denn kam Butter und Kalbfleisch; und zuletzt Kuchen. Du siehst draus, daß wir hoch schmausten; zugleich kannst Du aber daraus sehen, daß der Luxus seit Abrahams Zeit um ein Drittel gestiegen ist. Mein Vetter spendierte auch einige Flaschen guten Wein, die denn gewaltig würkten und vor Gesundheiten, die aus dem Munde herauskamen, kaum hineinkommen konnten (…)

Um fünf Uhr kamen wir wieder zu Hause, und ward gleich Ordre gegeben daß die Oper angehen sollte. Sie war von meinem Vetter, und führte den Titel: Ahasverus und Mardochai. Es war eigentlich eine Wandoper die so mit einem Stock an der Wand vorgestellt wird, und erhielt allgemeinen Beifall. (…)

Abends war wieder Grand Souper von Kartoffeln und Kaltenhöfer Bier; und damit war's alle, wirst Du denken. Das dacht ich auch; aber höre weiter. Es hatte schon den ganzen Tag gemunkelt, daß 'n Feuerwerk abgebrannt werden sollte; nun ward es aber hautement deklariert, und die ganze Gesellschaft begab sich in Prozession hinten in meines Vetters Garten neben dem Echafaud, das Feuerwerk anzusehen. Es bestand aus einem Petermännchen von anderthalb Zoll und reussierte ungemein. Weil so'n Ding gar zu herrlich anzusehen ist, hab ich mir von meinem Vetter das Rezept ausgebeten, und will's Dir hier kommunizieren. »Man nimmt 2 Lot Pulver, reibt es klein und tut Brunnenwasser dazu quantum satis; denn wird's 'n Teig, und man formt es, entweder kegelförmig wie 'n Kirchturm oder viereckigt wie die Pyramiden in Ägypten waren, tut oben darauf einige Körner trockenes Pulver und zündet's an.« Du mußt aber alles Pulver, wenn Du noch welches hast, vorher auf die Seite tun, auch Dich überhaupt mit dem Pulver in acht nehmen, sonst kannst Du Dir die Nase verbrennen. Um 10 Uhr 8 Minuten ging das Feuerwerk an, und währte bis 10 Uhr 8 1/3 Minute. – Du lachst Andres? Hör, das Groß und Viel tut's nicht immer, und ich schwöre Dir, daß der Großsultan, wenn er an seinem Geburtstag ein Feuerwerk von 20 000 Löwentaler abbrennen laßt, nicht vergnügter sein kann, als wir bei dem Petermännchen von anderthalb Zoll waren. Der Mensch ist gottlob so gebaut, daß er mit anderthalb Zoll recht glücklich sein kann, und wenn das die Leute nur recht wüßten, so würde 'n groß

Teil Ach und Weh weniger in der Welt sein. Da mischen sich aber gleich Eitelkeit und Stolz ein, und die hemmen allen Genuß, und das ist ein großes Unglück.

Um eilf Uhr gingen wir zu Bett, und schliefen flugs und fröhlich ein. Dein etc.

Ob als literarische Fiktion oder tatsächliche Begebenheit, der Geburtstag hatte die unteren Schichten der Gesellschaft erreicht. Statt erlesener *Confituren* gab es Kartoffeln, statt französischem Wein das lokale Bier, die Oper wurde mit dem Zeigestock an die Wand gemalt, und selbst das Feuerwerk durfte nicht fehlen, auch wenn es nur 20 Sekunden dauerte. Noch bildete das Festformat des Adels wenigstens einen Anlass, um sich darüber lustig zu machen. Zwar amüsierte man sich über die Eskapaden der höheren Stände, aber die parodistische Form sorgte zugleich dafür, dass sich das Feiern der Geburtstage immer weiter ausbreitete. Bald sollten sich landläufigere Gebräuche unter das Fest mischen, während im Gefolge der Französischen Revolution die Erinnerung an die aristokratischen Exzesse des Absolutismus verblasste.

Staat und Register

Die Geburtsdaten der einfachen Leute haben lange niemanden interessiert. Noch bis weit ins 18. Jahrhundert wussten bei weitem nicht alle, wann sie geboren wurden. Selbst heute wird weltweit das Datum bei einem Viertel aller Neugeborenen nicht notiert. Das hängt damit zusammen, dass es sich erst ab einem bestimmten Stand staatlicher Verwaltung lohnt, diese Daten zu erheben. Denn auch hier gilt das einfache Verhältnis, dass man sich nur dann die Arbeit macht, wenn der Nutzen den Aufwand wert ist.

Bei Daten können wir zwei verschiedene Sorten unterscheiden. Manche tragen dazu bei, etwas in der Welt wiederzuerkennen oder aufzufinden, also zum Beispiel einen Menschen anhand von äußerlichen Merkmalen oder mittlerweile nach biometrischen Daten. Sie sagen etwas über das Objekt oder Subjekt aus, das man vor sich hat. Es handelt sich also um beschreibende Daten. In unseren heutigen Pässen sind davon genau noch zwei Angaben übriggeblieben, nämlich die Augenfarbe und die Größe. Es waren einmal wesentlich mehr. Aber mit Fotos und Fingerabdrücken kamen bessere Lösungen für die Aufgabe, Personen zu identifizieren.

Daneben gibt es eine andere Art von Daten. Sie beziehen sich zwar noch auf eine Person, ohne aber ein Merkmal zu sein, das sich an ihnen ablesen ließe. Der eigentliche Zweck solcher Daten liegt anderswo. Nämlich in der Konsistenzprüfung, wie man heute sagen würde. Sie dienen dazu, die Richtigkeit einer Zuordnung festzustellen oder Datensätze zu sortieren. Das Geburtsdatum gehört zu dieser zweiten Art von Angaben. Zwar können wir einem Menschen sein Alter ungefähr ansehen, aber nicht den genauen Tag der Geburt. Solange es nur darum ging,

Leute an ihrem Äußeren zu erkennen, genügte daher das Alter in Jahren. Wollen wir allerdings sichergehen, dass es sich um eine bestimmte und keine andere Person handelt, benötigen wir ein Prüfdatum. Sinn ergibt das freilich erst, wenn von vielen Leuten Daten erhoben wurden und wenn Daten wieder auf Daten treffen. Wenn zum Beispiel eine Liste aller eingezogenen Soldaten mit einer Liste aller Getauften verglichen werden muss. Erst in solchen Fällen erweist sich das Datum der Geburt als wirklich nützlich.

Es gibt noch etwas anderes bei den Daten zu berücksichtigen. Ihre Erhebung und Verwaltung kostet Zeit und Geld. Beides muss sich lohnen. Ansonsten macht es keinen Sinn, den Aufwand zu betreiben. Nur um ein Beispiel zu nennen, welche Mühen die Datenverarbeitung vor der Zeit des Rechners kostete. Die Behörden der Vereinigten Staaten benötigten ganze sieben Jahre, um die Ergebnisse des zehnten Zensus aus dem Jahr 1880 auszuwerten.

Aufwand und Kosten des Datensammelns hängen von den eingesetzten Techniken ab. Solange alles von Hand notiert werden musste, war Datenhaltung eine zeitraubende Aufgabe. Heute verursacht das Sammeln und Verwerten von Information kaum noch Kosten. Daher ist es so gut wie wahllos geworden. Jede Institution rafft zusammen, was sie herbekommt. Das gilt für Staaten genauso wie für Firmen oder Dienste aller Art, besonders für die geheimen. Hat man all die Daten erst einmal, genügt es zu behaupten, sie würden auch zu irgendetwas gut sein. Man erhebt jede erreichbare Information schon aus Prinzip, auch wenn es keinen Sinn macht, oder wie der Theologe sagen würde, *quia absurdum*.

Das war vor 200 Jahren noch anders. Eine umfassende Datensammlung hatte es in Europa seit dem Römischen Reich nicht mehr gegeben. Bis ins 18. Jahrhundert blieb Europa eine recht datenarme Gegend, zum Beispiel im Vergleich mit China, wie wir gleich sehen werden. Das lag unter anderem daran, dass Steuern vor allem auf Grundbesitz, Handel und Güter erhoben wurden oder von Bauern in Naturalien. Stehende Heere gab es so gut wie nicht. Wenn Kriege geführt werden sollten, kaufte man sich Soldaten.

Trotzdem hatten Staaten immer ein Interesse, über ihre Untertanen Bescheid zu wissen. Schließlich stellten sie das eigentliche Vermögen dar, jedenfalls solange man menschliche Arbeit als wichtigsten Faktor betrachtete. Daher überrascht es nicht, dass wir vor allem unter gut organisierten Verwaltungen auch Datensammlungen finden.

Die Griechen führten die Kataloge ihrer Gemeinden. Ob dort Geburtstage verzeichnet waren, ist fraglich. In den römischen Tabellarien wurden die Geburtsdaten zwar meistens notiert, aber ungeprüft und oft nachträglich eingefügt.

Weiter reichen die Wurzeln der chinesischen Einwohnerlisten zurück, Hukou genannt. Die Anfänge dieser Familienregister entstehen in der Xia-Dynastie, also vor mehr als 3500 Jahren. Was dort genau wie und von wem notiert wurde, lässt sich nicht mehr feststellen. Während der Zhou-Dynastie, also um 1000 vor Christus, gab es einen Minister mit Namen Simin, der dafür zuständig war, über die Einwohner Buch zu führen. Seine Behörde notierte Geburten, Sterbefälle, sowie Ein- und Auswanderer. Das System sah offenbar vor, drei Kopien der Register an unterschiedlichen Plätzen vorzuhalten. Irgendwann wurden die gesammelten Daten auch zu Regierungszwecken eingesetzt. Und zwar wie meistens, wenn Regierungen zu viele Daten besitzen, nicht nur zu freundlichen Zwecken. Guan Zhong, der oberste Minister des eher kleinen, aber mächtigen Staates Qi, nutzte die

Angaben für eine Steuerreform. Aber nicht nur das. Er verbot auch Ein- und Auswanderung und verhängte eine restriktive Familienpolitik.

Die rechtlichen Grundlagen für das Hukou-System legte schließlich Xiao He, der erste Kanzler der Han-Dynastie. Und auch dafür müssen wir sehr weit in die Geschichte zurückgehen. Denn Xiao He starb im Jahr 193 vor Christus. Das Hukou-System besteht noch heute fort, nämlich als *hùkǒu zhìdù*, »System der ständigen Wohnsitzkontrolle«. Es bildet die Grundlage für die Zuordnung von Familien zu Geburtsorten. Wann immer wir aus China von sogenannten Wanderarbeitern hören, steht im Hintergrund das Hukou-Register, das jedem einen Wohnort zuordnet und alle, die ihre ursprüngliche Heimat verlassen, um Arbeit zu finden, als Wanderarbeiter führt.

Als Europäer macht man sich manchmal keinen richtigen Begriff von der ungeheuer langen, kontinuierlichen Geschichte der chinesischen Verwaltung, über alle möglichen Herrschaftsformen, Dynastien und Revolutionen hinweg. Man stelle sich nur einmal vor, wir hätten ein Meldewesen, das sich durchgehend bis in die Anfänge des Römischen Reiches zurückführen lässt. Davon kann in Europa keine Rede sein.

Die einzige Institution, deren Fundamente bis in die Zeit Roms zurückreichen, ist die Kirche. Vom Byzantinischen Reich, das im Zuge der islamischen Expansion und der Trennung von West- und Ostkirche seltsam abgekoppelt vom Rest Europas bis ins 13. Jahrhundert formell weiterexistierte, blieb wenig übrig. Im Westen musste eine Verwaltung ganz neu aufgebaut werden. Schon vor der Erfindung des Buchdrucks begann man damit, Kirchenbücher zu führen. Aus dem 14. Jahrhundert sind Fragmente solcher Akten aus Italien und der Provence erhalten. Das älteste Taufbuch des deutschsprachigen Raums stammt aus Basel, begonnen im Jahr 1490. 55 Jahre zuvor hatte der Konstanzer

Bischof Friedrich III. von Zollern seine Priester angewiesen, alle Taufen zu notieren. Von einer flächendeckenden Datenerfassung kann allerdings keine Rede sein. Der Bischof musste gleichlautende Anweisungen mehr als einmal erlassen. Offenbar wollte die kirchliche Buchführung nicht recht in Gang kommen.

Mit der Reformation änderte sich das. Konkurrenz hat hier das Geschäft tatsächlich belebt. Denn nun kam es zu einem regelrechten Wettlauf der beiden Konfessionen um die Erfassung ihrer Gläubigen. Protestantische Städte führten Kirchenbücher im Lauf des 16. Jahrhunderts ein. Das hatte allerdings nicht nur mit der Konkurrenz zur Kirche Roms zu tun, sondern auch mit der Abgrenzung zu politisch radikaleren Strömungen, die die Taufe im Kindesalter ablehnten. In Zeiten religionspolitischer Auseinandersetzungen diente das Taufbuch auch zur Gesinnungskontrolle.

Die katholische Kirche zog im Verlauf der Gegenreformation nach. Am 11. November 1563 erließ das Konzil in Trient eine Vorschrift, Heiraten zu notieren und bei der Gelegenheit auch Taufbücher einzuführen. Im sogenannten »Rituale Romanum« aus dem Jahr 1614 wurde die Buchführung vereinheitlicht. Man entwickelte Formulare für Taufe, Trauung und Sterbefälle. Die Umsetzung ließ allerdings sehr zu wünschen übrig, denn verpflichtend war das Ganze nicht. Dazu kommt, dass die Taufe mit dem Geburtsdatum nur mittelbar zu tun hatte. Oft fand sie in den Wochen danach statt, in manchen Gegenden sogar nur an wenigen Tagen im Jahr. Dass man das Geburtsdatum nicht so wichtig nahm, hatte noch einen ganz anderen Grund. Die Kindersterblichkeit lag für heutige Verhältnisse extrem hoch. Noch 1870, als man endlich die ersten brauchbaren Daten zur Verfügung hatte, überlebten in Deutschland nur drei von vier Kindern die ersten fünf Jahre. Und das war lange nach der Einführung der Pockenimpfung, die die Lage ganz erheblich verbesserte. So wundert es nicht, dass viele Eltern sich davor hüteten, zu den kleinen Todgeweihten eine allzu große emotionale Bindung aufzubauen. Die Haltung war eher distanziert und von der Sorge geprägt, ob das Kind tatsächlich überlebt.

Dennoch gilt hier wie auch anderswo: Wenn Daten erst einmal erhoben werden, dauert es meistens nicht sonderlich lange, bis jemand auch auf die Idee verfällt, sie zu verwenden. Im 17. Jahrhundert finden sich die frühesten Beispiele, dass auf Taufbücher zurückgegriffen wurde, um Steuern zu erheben oder die Versorgung des Heeres zu organisieren.

Der Erfassung von Geburtstagen nähern wir uns erst an, als der Staat sich selbst um die Daten zu kümmern beginnt. Denn ihrer Aufgabe gemäß interessierte sich die Kirche zunächst für die Taufe, nicht für die Geburt. Bis sich dann aber Geburtsdaten in irgendwelchen Akten finden, dauert es nach Beginn der Taufregister noch Jahrhunderte. Das ist doch recht erstaunlich. Denn es bedeutet, dass sich das Feiern des Geburtstages verbreitete, bevor das genaue Datum administrativ festgehalten wurde.

Betrachten wir kurz die Verwaltungsgeschichte der Personendaten bis zum Auftauchen des Geburtstags. Die ersten nichtkirchlichen Meldepflichten haben sich gegen Fremde gerichtet. Aus dem Jahr 1565 wissen wir von einem Edikt in Brandenburg mit dem Titel »*Wider die fremden Bettler und Landstreicher, wie wieder dieselben zu verfahren, und daß die einheimischen Armen zu versorgen*«. 1616 schließt sich dem eine weitere Verordnung von Kurfürst Sigismund an: »*Edict von Wirths-Häusern und Thorschluß, auch Nacht-Wache wegen der Mordbrenner*«. Wie so oft scheint auch hier die Regel zu gelten, dass Leute desto mehr Angst vor Fremden haben, je weniger sie kennen. Das Misstrauen gegen Immigranten hielt sich nicht lang, denn gerade ein rückständiges Gebiet wie Brandenburg verdankte dem Zuzug von Flüchtlingen viel. Große Fortschritte machte der Staat Preußen erst, als man die Hugenotten aus Frankreich aufnahm. Das wirkte sich nachhaltig positiv sowohl auf die Bevölkerung, Flüchtlinge stellten zeitweise bis zu 20 Prozent, wie auch auf die wirtschaftliche Entwicklung aus.

In Amerika war man zur selben Zeit weit fortschrittlicher und den Fremden gegenüber aufgeschlossener. Englische Kolonisten hatten schon sehr früh die Taufbücher eingeführt. 1632 forderte der Staat Virginia die Kirchengemeinden dazu auf, auch Geburtsdaten zu notieren. 1639 übertrug Massachusetts diese Aufgabe auf die Verwaltung. Das ist das erste Beispiel für eine neuzeitliche Verwaltung im westlichen Kulturkreis, die tatsächlich versucht, sämtliche Geburtsdaten festzuhalten.

In Preußen und Berlin nahm die Verwaltung einen anderen Weg. Die Kirchengemeinden wurden im 17. Jahrhundert verpflichtet, ihre Taufbücher in doppelter Ausfertigung auszustellen und ein Exemplar ans örtliche Amtsgericht zu übermitteln. Dazu kam die Erweiterung der Meldepflicht. Sie wurde von Fremden auf die eigenen Leute ausgedehnt. Aber das ging alles sehr schleppend vor sich. Schon der Meldepflicht von Fremden und Reisenden kamen die Untertanen nie mit großer Begeisterung nach. So berichtet Lessing vom Scheitern eines Meldevorgangs im 2. Akt der »Minna von Barnhelm«:

WIRT: Ohne Zweifel kennen Ihro Gnaden schon die
             weisen Verordnungen unserer Polizei.
FRÄULEIN: Nicht im geringsten, Herr Wirt –
WIRT: Wir Wirte sind angewiesen, keinen Fremden,
             wes Standes und Geschlechts er auch sei, vierund
             zwanzig Stunden zu behausen, ohne seinen
             Namen, Heimat, Charakter, hiesige Geschäfte,
             vermutliche Dauer des Aufenthalts und so weiter
             gehörigen Orts schriftlich einzureichen.

Am Ende einigt man sich darauf, die Meldung aufzuschieben und am folgenden Tag von neuem zu versuchen.

Als das Meldewesen auf ortsansässige Bürger ausgedehnt werden sollte, verbesserte sich die Lage keineswegs. Die eingehenden Daten galten als »höchst mangelhaft«. Gleichzeitig machte man die Vorgaben für die Registrierung so kompliziert, dass Klagen laut wurden, niemand könne sie mehr verstehen. Das ist im Übrigen ganz typisch. Systemisches Scheitern führt selten zur Korrektur, sondern meistens zu verschärften Wiederholungsversuchen. Geburtstage fanden sich trotz all dem guten Willen zur Datenerhebung noch immer nicht unter den Angaben.

Der Hauptzweck, warum Staaten überhaupt genau wissen wollten, wie viele Bürger sie hatten, lag in den Steuern und der Armee. In beiden Fällen war das Alter nicht unwichtig. Solange man Soldaten noch für ihre Dienste bezahlte, spielte es keine Rolle. Jeder, der als Söldner in dem riskanten Beruf sein Geld verdienen wollte und körperlich geeignet schien, wurde genommen. Bei ausbleibender Bezahlung verwandelten sich die Söldnerheere in marodierende Banden, die sich mal dem einen und mal dem anderen Herrscher andienten, je nach Geschäftslage, und die Staaten hochverschuldet zurückließen.

Zur Lösung dieses Problems verfiel man auf die Idee, die eigenen Leute in den Kriegszügen zu verheizen. Das kam viel billiger, machte es aber nötig, den Soldaten einzureden, sie würden nicht nur den König, sondern auch ihr eigenes Hab und Gut verteidigen, obwohl sie meistens so gut wie nichts hatten. Nach dem Bauernkrieg waren die Adligen lange davor zurückgeschreckt, die eigene Bevölkerung im Umgang mit Waffen zu üben. Aber gut hundert Jahre später, nachdem man die Länder 30 Jahre lang von Söldnern verwüsten hatte lassen, fand die Idee wieder Anhänger. Darunter auch den Philosophen Spinoza, der den Vorschlag unterbreitete, Bürgerrechte an den Waffendienst zu koppeln. Mit dem staatlichen Ausheben von Soldaten beginnt die flächendeckende Verwaltung der eigenen Bevölkerung. Schließlich will man wissen, wer als künftiger Soldat zur Verfügung steht und an wen man Pflichten und Rechte verteilt.

Die Ersten, die mit Einberufungen im großen Stil Erfolg hatten, waren die Schweden. Schon um 1600 bauten sie ihr »Indelningsverk« auf, ein »Einteilungswesen«, das jedem Landkreis jährlich eine bestimmte Anzahl an Soldaten abverlangte. Ohne eine solche Verwaltung und Erfassung der Leute wäre es nie möglich gewesen, aus dem bevölkerungsarmen Land eine Armee herauszupressen, die dann über Jahrzehnte das Schlachtfeld südlich der Ostsee dominierte. Das absolutistische Frankreich war das nächste Land, das sich 1716 ein stehendes Heer mit landesweiten Einberufungen leistete. Selbstverständlich blieben die Manufakturen und die dort arbeitenden Handwerker unangetastet, und es wurde vorzugsweise unter der verarmten Landbevölkerung rekrutiert.

In Deutschland tat sich der Herrscher des Ländchens Schaumburg-Lippe hervor. Er hätte gerne ebenfalls eine große Armee nach dem Vorbild Frankreichs gehabt und erließ zu diesem Zweck den Befehl, die gesamten Jahrgänge zu »enrollieren«. Eine gründliche Erfassung der Daten gehörte dazu, wenn auch ohne Geburtstag, denn die Jahreszahl genügte. Die Ergebnisse waren ernüchternd, denn offenbar hatte die Jugend in ihren besten Jahren etwas anderes im Sinn, als Armeemanöver zu exerzieren und ihresgleichen massakrieren zu lernen. Ab 1749 flohen bis zur Hälfte der einberufenen Männer aus dem Herrschaftsbereich des Grafen Wilhelm Friedrich Ernst, trotz drakonischer Strafen wie Inhaftierung der Eltern oder Beschlagnahme des Erbteils. Manchen galt das Miniheer aus Ostwestfalen dennoch als großes Vorbild. Der preußische Feldherr Gneisenau zeigte sich von den Kriegskünsten das Grafen ganz begeistert: *»Unsere*

ganze Volksbewaffnung vom Jahre 1813, Landwehr und Land-
sturm, das ganze neuere Kriegswesen, hat der Mann ausführlich
bearbeitet, von den größten Umrissen, bis auf das kleinste Einzelne,
alles hat er schon gewusst, gelehrt, ausgeführt.« Preußen hatte in
der Hinsicht allerdings bessere Voraussetzungen, denn es war zu
groß. Man konnte nicht einfach drei Kilometer weiter beim
nächsten Grafen Unterschlupf finden.

Anfangs hatten die Preußen das schwedische System übernommen. Am 1. Mai 1733 erließ Friedrich Wilhelm III. eine Verordnung, die das Land in sogenannte »Enrollierungskantone«
einteilte. Jeder Kanton umfasste 5000 bis 7000 »Feuerstellen«,
wie es hieß. Über eine ungefähre Schätzung der Haushalte war
die Erfassung der eigenen Bevölkerung noch nicht hinausge-
kommen. Aus jedem dieser Kantone sollte je nach Bedarf eine
bestimmte Menge an wehrfähigen jungen Männern geliefert
werden. Das hatte immerhin auch eine positive Auswirkung.
Dem zuvor ungezügelten »Werben« wurde Einhalt geboten. Zuvor konnte es bei dieser Form der Zwangsrekrutierung durchaus
vorkommen, dass halbe Hochzeitsgesellschaften abgeführt oder
nach der Messe Kirchen umstellt wurden. Die staatliche Erfassung hatte noch einen weiteren begrüßenswerten Effekt. Wer
beim preußischen Militär »enrolliert« war, entging den sklave-
reiartigen Zuständen, unter denen die preußischen Adligen ihre
Untertanen stellenweise noch hielten. Denn nun war der künftige Soldat nicht mehr Leibeigentum seines Junkers, sondern gehörte dem König.

Wirklich beliebt wurde der Kriegsdienst deswegen noch lange
nicht, aber auf dem Weg zu einer gründlicheren Bevölkerungsstatistik war man einige Schritte vorangekommen. Bald sah man
sich gezwungen, noch genauere Daten zu erheben, als einfach
nur Jahrgänge durchzuzählen. Denn was macht ein junger Mann,
der sich plötzlich genötigt sieht, Haus und Hof und Leben und
Liebe für einen ihm nicht näher bekannten König zu opfern? Er

haut bei erster Gelegenheit ab. Erschwerend kam hinzu, dass das Kanton-System natürlich noch den Zweck verfolgte, die Soldaten billiger zu machen. Die Obsession des Sparens war schon damals weit verbreitet, am liebsten natürlich bei den anderen und besonders gern bei denen, die eh nichts hatten. Im 17. Jahrhundert musste man einem Söldner noch den Lohn eines Handwerksgesellen zahlen. Im 18. Jahrhundert sahen sich etliche Soldaten gezwungen, nebenher zu arbeiten oder gar betteln zu gehen, da der Sold fürs Leben nicht reichte. Kein Wunder, dass so viele junge Männer gerade aus Preußen nach Amerika auswanderten. Dort brachten sie übrigens eine Sitte mit, die sich in Deutschland schon recht weit ausgebreitet hatte, nämlich die Feier ihres Geburtstages.

Desertiert wurde in großer Zahl. Manche Soldaten entzogen sich dem Wehrdienst auch auf noch tragischere Weise. Die Selbstmordraten in der Armee lagen vermutlich viermal höher als unter dem Rest der Bevölkerung. Allem preußischen Trara und Glanz und Gloria um das Militär zum Trotz muss die Truppe ein Arbeitsplatz zum Fürchten gewesen sein. Schätzungen gehen davon aus, dass mindestens jeder fünfte Soldat einmal versuchte, sich aus dem Staub zu machen. Die Vorschriften für den Umgang mit Deserteuren waren hart. 1743 heißt es: »*Ein einheimischer Kerl soll, er mag freywillig angeworben sein oder nicht, Hand-Geld bekommen haben oder nicht, auch zum 1ten oder 2ten mahl desertieret seyn, wann er wieder ertappet wird, gleichfalls ohne Gnade aufgehangen werden.*« Allerdings waren die Anordnungen ganz offensichtlich härter formuliert, als sie angewandt wurden. Wie hätte sonst jemand zum zweiten Mal desertieren können? Aus der Umgebung der Garnisonsstädte sind Klagen über die dauernden Alarmglocken und das nächtliche Hundegebell bekannt, das jeden Fluchtversuch begleitete. Um Deserteure zu identifizieren, wurden besonders von den einfachen Soldaten alle möglichen Merkmale erhoben, in Voraussicht auf ihren künftigen Steckbrief. So wollte man auch verhindern, dass sie sich bei einem anderen Regiment noch einmal meldeten, um die Einstiegsprämie doppelt zu kassieren. Trotz alldem gehörte der Geburtstag im 18. Jahrhundert erst einmal nicht zu diesen Daten. Denn er trug nicht dazu bei, entkommene Soldaten zu identifizieren.

Bis das Geburtsdatum standardmäßig erfasst und abgefragt wurde, sollte noch einige Zeit vergehen. Das 18. Jahrhundert brachte erst einmal die ersten Volkszählungen in Europa. Die Jahresangaben gehen weit auseinander, da nicht eindeutig zu bestimmen ist, was als Zählung gilt, und da allerlei Kleinstaaten und Städte immer wieder lokal Tabellen über ihre Bevölkerung erstellten. Der allererste noch heute existierende Staat, in dem in der Neuzeit eine Zählung stattfand, ist das Fürstentum Liechtenstein. Im Jahr 1584 ermittelte man auf dem Gebiet der Grafschaft Vaduz 1789 Einwohner. In den Kolonien begann man damit schon früher, zum Beispiel in Neufrankreich, das später Teil von Kanada wurde. In den Jahren 1665 und 66 reiste Jean Talon, der erste Intendant des Kolonialgebiets, selbst von Siedlung zu Siedlung, um die 3215 Männer, Frauen und Kinder, abzüglich Indianer und Mönche, zu zählen, die sich entlang des Sankt-Lorenz-Stroms bis hinauf nach Montreal niedergelassen hatten. Noch ein wenig früher fand die erste Zählung auf dem Gebiet der Vereinigten Staaten statt. Am 16. Februar 1623 notierte die Virginia Company die Namen aller knapp 2000 Siedler der 16 Jahre zuvor gegründeten gleichnamigen Kolonie, um einen Überblick zu gewinnen, wer die Kämpfe mit dem Stamm der Powhatan überlebt hatte. Bei dieser Volkszählung übertrug man die Methoden der Geschäftsbuchhaltung auf das kommerzielle Unternehmen einer Kolonie. Die Virginia Company zählte ihre Siedler genau so wie das Vieh, um die Größe der Herde und damit den eigenen Kapitalstock zu ermitteln. 1624 ging die Kolonie in die Hände des englischen Königs über, der seinen neuen Besitz gleich noch einmal nachzählen ließ, um zu überprüfen, ob das Unternehmen ihn nicht übers Ohr gehauen hatte. In Kolonien zählte man ohnehin öfter, schließlich dienten sie den europäischen Kolonialmächten als administrative Versuchsgelände und sollten Profite bringen. So ergab die Statistik der Provinz New York im Jahr 1698 insgesamt 18 067 Bewohner, darunter mehr als 2000 Sklaven.

Was größere Staaten betrifft, mehrten sich die Stimmen, Methoden der Buchhaltung für eine effizientere Verwaltung zu nutzen. Jean Bodin, der theoretische Begründer des Absolutismus, sprach sich schon im 16. Jahrhundert für zentralisierte Volkszählungen und Datenerhebung aus, ebenso der flämische Gelehrte Justus Lipsius. Lipsius zog aus der Erfassung jedes einzelnen Bürgers noch eine andere theoretische Konsequenz, die für das bürgerliche Feiern des Geburtstags wichtig ist. Indem er nämlich den einzelnen Bürger als Inhaber von Rechten dachte und nicht einfach nur in einer Menge von Untertanen unterbrachte, entwarf er den modernen Begriff vom eigenständigen Selbst. Das ist der erste Schritt auf einem Weg, der von der staatlichen Rechtsordnung zur Idee der juristischen Person führt. Genau diese Rechtsperson kann dann nämlich beginnen, sich ihrer eigenen Daten zu bemächtigen und sie zum Anlass zu nehmen, sich selbst einmal im Jahr am Tag ihrer Geburt zu feiern.

In Deutschland war einer der Ersten, die den Nutzen des Datensammelns für das Regieren lobten, der Philosoph Gottfried Wilhelm Leibniz. »Staats-Tafeln«, also Tabellen, könnten die Regierenden, so Leibniz, in die Lage versetzen, alle Daten *»gleichsam in einem Augenblick zu übersehen«*. Der Fürstlich Sächsische Hofrat zu Gotha Veit Ludwig von Seckendorff forderte in seinem Traktat »Teutscher Fürsten Stat« aus dem Jahr 1656 von jedem guten Regierenden, *»daß Er alle ſeine Vnterthanen ohne anſehen des Stands wiſſe vnd kenne«*. Was genau der Fürst von diesen Untertanen wissen und was er mit diesem Wissen unternehmen soll, geht aus dem Handbuch nicht klar hervor. In England war man zur gleichen Zeit schon ein ganzes Stück weiter. Dort drehte sich die Statistik nämlich nicht mehr nur um Männer, die auf Tabellen starren, sondern man begann, mit den Daten Zeitverläufe zu berechnen, was dem Geburtstag eine ganz neue Bedeutung gab. Wir kommen darauf zurück.

Was größere Staaten betrifft, ist einmal mehr Schweden ganz vorne mit dabei. 1608 wurden die Kirchengemeinden zum Führen von Taufbüchern verpflichtet, ab 1631 sollten sie Geburten und Todesfälle notieren. Ab 1686 machte man sich daran, die Pfarrbücher zu einem großen Staatsregister zu vereinigen. Schließlich brauchte der kriegsversessene König Karl XII. noch immer jeden Mann. Nach dem erfolgreichen Dreißigjährigen Krieg wollte er nicht zurückstecken und schickte seine Armee erst gegen Polen und Litauen und dann ab 1700 noch einmal 21 Jahre lang gegen Russland, bis sich seine Großmachtfantasien endgültig erledigt hatten.

Das Nachbarland Dänemark, in Personalunion mit Norwegen und Island, musste mitrüsten und veranstaltete dazu im Jahr 1700 die erste Zählung aller erwachsenen Männer. So kam es, dass auch in der Provinz Island die erste Volkszählung stattfand, die im Gegensatz zu Schweden und Dänemark auch alle Kinder und Frauen berücksichtigte. 50358 Einwohner zählte man auf der Insel.

Auch Preußen wollte von Schweden lernen und machte sich ab 1684 daran, Kirchenbücher zusammenzuführen und sogenannte Reputationslisten zu erstellen. Ab 1719 nahm man die erste Zählung in der Mark Brandenburg vor.

1739 war man in Frankreich so weit, die Aufzeichnungen über Geburten und Tode aller Kirchenbücher in Paris zentral zusammenzuführen. Statistische Behörden wurden dort, erneut nach dem Vorbild Schwedens von 1748, im Jahr 1792, also nach der Revolution, eingeführt. Preußen übernahm das schwedisch-französische Modell erst kurz bevor Napoleon vor Berlin stand. 1805 ließ König Friedrich Wilhelm III. das Königlich Preußische Statistische Bureau gründen. Etwas länger Zeit ließ man sich in England, denn dort formierten sich erstmals Widerstände gegen die staatliche Datensammelei. Als 1753 eine Volkszählung im Parlament diskutiert wurde, lehnten etliche Parlamentarier den Vorschlag ab. Die individuellen Freiheiten würden bedroht, so William Thornton, der Wortführer des Widerstands gegen staatliche Datenerhebung. Das Motiv sei reine Raffgier und Repression, und die Daten würden eh nichts nützen. Am Ende entschied sich das Unterhaus dennoch für die Zählung. Aber dann schmetterte das Oberhaus die Vorlage ab. Die dort versammelten Großgrundbesitzer fürchteten um ihre Privilegien, wenn der Staat zu genau Bescheid wüsste. Es dauerte bis 1801, bevor man in England zum ersten Mal die Bevölkerung erfasste. Und das, obwohl das Land lange führend in der Entwicklung statistischer Methoden war.

Im Jahr 1662 entwickelte John Graunt, bis dahin von Beruf Kurzwarenhändler und daher mit Buchhaltung vertraut, die sogenannte Sterbetafel. Auf der Basis von Londoner Bevölkerungsdaten ermittelte er, in welchem Alter wie viele Leute starben, und übertrug das in eine Tabelle. Das machte ihn zu einem der frühesten Vorläufer der Bevölkerungsstatistik. In Deutschland wurde sein Werk von dem Berliner Pfarrer Johann Peter Süßmilch fortgesetzt, in einem 1742 erschienenen Buch mit dem etwas barocken Titel »Die göttliche Ordnung in den Veränderungen des menschlichen Geschlechts«. Süßmilch begann, Jahr für Jahr Sterbefälle und Geburten einander gegenüberzustellen, und errechnete daraus Provinz für Provinz eine Statistik des Bevölkerungswachstums im Reich Preußen. Seine Heimatstadt, genauer gesagt deren moralischer Niedergang, bereitete ihm dabei einiges Kopfzerbrechen. »Von Berlin muß ich frey gestehen, daß die

Lebens-Art sich seit einiger Zeit scheinet sehr verschlimmert zu haben, und daß die Laster, so das Leben verkürzen, gar sehr die Oberhand gewonnen. Dieses beweise ich mit denen Hur-Kindern. Beym Anfang dieses Jahrhunderts, 1698–1703, waren jährlich etwa 100 bis 120 Hur-Kinder. Um die Jahre 1717–1721. waren ihrer in den mittlern Zahl an die 200. Im Jahr 1729. waren 304, und 1732 gar 380. Wenn ich nun auch setze, daß Berlin seit 1700. an Einwohnern sich verdoppelt, so würden auch die Hur-Kinder sich nur verdoppelt haben, wenn die Hurery nicht weit geschwinder gewachsen wäre.« Gott muss mit der Stadt Berlin irgendwann ein Einsehen gehabt haben, denn sonst wäre sie nach der Statistik des Pfarrers Süßmilch längst ein einziger Sündenpfuhl. Trotzdem finden sich, wenn auch noch ganz gefangen im Korsett christlicher Moralvorstellungen, in derartigen Berechnungen die ersten Vorläufer moderner Sozialstatistik.

Für Bevölkerungskalkulationen dieser Art bekommt der Geburtstag eine ganz neue Wichtigkeit. Wer zeitliche Abläufe in der Entwicklung der Einwohnerschaft verfolgen und damit planen will, muss sämtliche Geburtsdaten kennen. Auch Herr Pfarrer Süßmilch machte sich über die Zukunft Gedanken und geriet über das fortgesetzte Wachstum der Bevölkerung ins Grübeln. Ein Kapitel in Süßmilchs Buch fragt in der Überschrift: »Ob Pest und Krieg nothwendig, und wie viel Menschen auf dem Erdboden leben und leben können?« In seiner Antwort vergleicht er die Zahl der seinerzeit Lebenden mit der Anzahl der Menschen, die die Erde maximal ernähren kann. »Hieraus erhellt nun unwiedersprechlich, daß Krieg und Pest gar nicht nothwendig, und daß sehr wohl wenigstens etliche hundert Jahr ohne dieselbe Übel hingehen können, ohne daß die Welt zu voll werde. es ist bewiesen, dass 4000 Millionen zugleich leben können. und daß gegenwärtig höchstens nur tausend Millionen würcklich zugleich leben.« Ein halbes Jahrhundert später kam der englische Pfarrer und Ökonom Thomas Robert Malthus zu ganz entgegengesetzten Folgerungen, die viel bekannter wurden, weil sie die Menschheit geradewegs auf die Hungerkatastrophe zulaufen sahen. Wie weit Süßmilch mit seinen Schätzungen und Schlussfolgerungen danebenlag, ist an dieser Stelle gar nicht entscheidend. Seine Errungenschaft, und dabei baut er auf Graunt auf, liegt darin, überhaupt zeitliche Verläufe zu berechnen. Es geht ihm nicht mehr um einen Zustand, also etwa die bloße Anzahl, sondern um die Veränderungen. Und zu diesem Zweck benötigt man eine andere Art von Datenerhebung, unter Einschluss des Geburtstags.

Volkszählungen der alten Sorte hatten die Aufgabe, zu einem bestimmten Zeitpunkt die Menge an Leuten zu zählen. Will man aber verfolgen, wie sich die Lage entwickelt, müssen diese Daten laufend erhoben werden. Das beginnt in den meisten Ländern um 1800 herum.

Das revolutionäre Frankreich ging beim Setzen von Standards und dem Aufbau zentraler Behörden voraus. Die Registrierung der Geburt wurde im »Code civil« von 1804 geregelt. In Berlin führte man nach dem Vorbild des revolutionären Zivilrechts gleich nach der endgültigen Niederlage gegen Napoleon im Jahr 1807 das erste zentrale Einwohnerregister ein, die sogenannte »Hauptkontrolle«. Ab 1837 war in Preußen jede Geburt eines Kindes zu melden. Für das gesamte Deutsche Reich regelt das Personenstandsgesetz aus dem Jahr 1876 die Registrierung der Geburten. England hatte eine solche Verwaltungsregelung schon 1837 eingeführt, aber erst 1874 zur Pflicht jedes Bürgers erklärt. In den Vereinigten Staaten dagegen wurden die Geburtenregister erst im Jahr 1902 zentralisiert.

Die Geburtsurkunde ist das wichtigste Dokument dieser neuen Verwaltung. Mit ihr tritt das Neugeborene unter die Obhut der staatlichen Verwaltung.

Sobald die Staaten nicht nur hin und wieder Daten erheben, sondern fortlaufend, wird der Geburtstag zum wichtigsten Personendatum. Das hat einen einfachen Grund. Das Geburtsdatum ist absolut. Das Alter ist relativ. Das heißt, unser Alter ändert sich jedes Jahr. Das Geburtsdatum dagegen bleibt immer dasselbe.

Man kann die Umstellung vom Alter auf das Geburtsdatum sehr gut an zeitgenössischen Personendaten auf Reisepässen und Ausweisen ablesen. Solange es nur darum ging, einmalig Daten zu erheben oder amtlich anzugeben, genügte das Alter. Auf den Reisepässen finden wir bis in die Mitte des 19. Jahrhunderts nur die Angabe, wie viele Jahre die betreffende Person alt ist. Das Gleiche gilt für Fahndungsaufrufe und Steckbriefe. Das früheste Dokument mit einem exakten Geburtsdatum, das ich kenne, ist der Wanderpass eines Handwerksgesellen aus dem Jahr 1866. Das hat auch damit zu tun, dass der Geselle mit seinem Pass über längere Zeit unterwegs war, also älter wurde. Dagegen galten Pässe, die man übrigens im Europa des 19. Jahrhunderts kaum benötigte, damals nur für eine einzige Reise oder eine kurze Zeit. So kommt es noch im Jahr 1915 vor, dass ein Konsulatspass nur das Alter in Jahren angibt.

Die Vorschrift, dass jeder sich mit einem Personalausweis andauernd und überall ausweisen sollte, wurde 1938 erlassen, und zwar nicht von ungefähr mit einer Kennkarte zuerst und speziell für jüdische Mitbürger. Ein Jahr später fanden die Nazis dann, dass der Ausweiszwang auch für die Kontrolle der übrigen Bevölkerung gut zu gebrauchen sei. Und manchmal vermitteln die gegenwärtigen Debatten den Eindruck, als ob einige Politiker diese Form der Personenkontrolle gerne wieder einführen wollten, vor allem im Internet.

Das Geburtsdatum hat einige weitere Vorteile, wenn es um staatliche Kontrolle und Datenverarbeitung geht. Wir haben schon erwähnt, dass es sich um ein ideales Prüfdatum handelt.

Dass zwei Menschen denselben Namen tragen, kommt vor, auch denselben Nachnamen. Aber dass sie dann noch am selben Tag Geburtstag haben, dürfte sehr selten sein. Rechnen wir es durch. In den USA gibt es 2,4 Millionen Smiths, auf der ganzen Welt dürften es also etwa vier Millionen sein. Von denen tragen statistisch gesehen derzeit 3,3 Prozent den häufigsten Namen James. Das macht also etwa 132 000 Leute mit dem Namen James Smith. Bei einer Lebenserwartung von ungefähr 75 Jahren verteilen sich deren Geburtstage auf knapp 28 000 Tage. Also kommen an jedem Tag durchschnittlich um die fünf Menschen mit dem häufigsten Namen James Smith zur Welt. Dass sich zwei dieser fünf je über den Weg laufen oder in Gefahr geraten, verwechselt zu werden, ist nicht sonderlich wahrscheinlich. Selbst wenn wir annehmen, dass jeder von uns im Leben mit 10 000 Personen zu tun hat, ist die Wahrscheinlichkeit, dass wir je unserem persönlichen James Smith über den Weg laufen, der nicht nur so heißt wie wir selbst, sondern auch noch am selben Tag geboren ist. Selbst aufs ganze Leben gerechnet. Ein Sechser im Lotto ist viel wahrscheinlicher.

Es gibt noch einen anderen Grund, warum Statistiker das Geburtsdatum so mögen. Der hat etwas mit Bibliotheken zu tun. Denn deren Bücherregale waren die ersten Plätze, an denen man viele Informationen irgendwie zu ordnen hatte. Man sortierte sie mal nach Inhalt, dann nach Titeln, dann wieder nach Namen. Mit dem Datum der Veröffentlichung lassen sich die Dinge so aufreihen, wie sie eintreffen. Für einen Archivar gibt es nichts Schöneres. Denn so kann er seine Liste einfach mit jedem Eintrag verlängern, ohne jedes Mal irgendwo in der Mitte Platz schaffen zu müssen. Die Veröffentlichung eines Menschen geschieht so gesehen am Tag seiner Geburt.

Spätestens seit der Geburtstag überall erfasst und abgefragt wird, weiß jede und jeder, wann er oder sie geboren ist. Das heißt noch nicht, dass alle den Tag feiern, aber es heißt, dass sie es tun könnten. Dass dazu noch gewisse Vorkehrungen nötig sind, ist klar. Ich meine nicht, die Stühle aufzustellen, den Kuchen zu backen, den Tisch zu richten, sondern die Erfindung des modernen Subjekts, also einer Art von Menschen, die sich ihrer selbst bewusst sind.

Die Geburt des Selbst

Wer Geburtstag feiert, macht etwas mit sich selbst und führt sich dabei den anderen vor. Indem wir uns feiern, gehen wir auf eine bestimmte Art und Weise mit uns um und erfinden uns, ein Stück weit jedenfalls, in diesem Umgang. Gerade diese selbstbezüglichen Handlungen legen fest, wie und als wen wir uns verstehen. Wir erfinden uns nicht neu, sondern übernehmen die Umgangsformen aus dem, was um uns herum geschieht. Indem wir zum Beispiel als Kind lernen, auf eine bestimmte Weise Geburtstag zu feiern. Wir feiern diesen Anlass anders als die Römer. Wir brennen keinen Weihrauch ab. Wir bringen keine Opfer. Aber wir nehmen Geschenke in Empfang. Wir laden Gäste ein. In solchen Ritualen stellen wir im Beisein von anderen ein Verhältnis zu uns selbst her.

Das Feiern des Geburtstags kommt, geschichtlich gesehen, in etwa zeitgleich mit zwei neuen Begriffen vom Menschen auf. Das ist nicht allein historisch von Belang. Was entsteht, kann wieder vergehen. Es ist nicht auszuschließen, dass sich die Erzählungen über uns selbst erneut verändern und dass sich das auch am Ritual des Geburtstags bemerkbar machen wird.

Die eine Erzählung stammt aus dem Bereich des Rechts, die andere aus der Philosophie. Beide hängen miteinander zusammen. Beide handeln von einem Selbstverständnis des Menschen, das bis heute unter dem Begriff »Subjekt« weiterläuft.

Nun hat das Subjekt eine philosophisch gesehen recht erstaunliche Karriere hingelegt. Denn noch bei Descartes stand der Begriff buchstäblich für das Gegenteil von dem, was später aus ihm wurde. Sub-jekt, von *sub-iectum*, unterworfen, zugrunde liegend, galt als der Urgrund aller Dinge und Wesen, also etwas

Fundamentales, von dem man ausgehen konnte. Am ehesten entspricht dem heute der Begriff »Substanz«, was tatsächlich ursprünglich etwa das Gleiche wie Subjekt meint. Auf keinen Fall handelte es sich vor Descartes bei Subjekten um höhere, mit Bewusstsein ausgestattete Lebewesen.

Das Subjekt der Aufklärung dagegen ist gerade das Gegenteil vom Subjekt als Unterworfenem. Es erfindet eine Art von Menschen, die sich aus sich selbst heraus begreifen. Die sich also zum Gegenstand ihres eigenen Selbstverständnisses machen. Mit dieser philosophischen Pirouette erfindet sich der Mensch als Subjekt. Das geschieht nicht von ungefähr in derselben Zeit, als die Leute quer durch fast alle Stände und Klassen beginnen, ihre Geburtstage zu feiern. Denn das eine ist der Ausdruck des anderen. Im Feiern des Geburtstags zeigen wir uns als moderne Subjekte. Wer noch im alten Zustand als bloßer Untertan lebt, sei es eines weltlichen, eines geistlichen oder göttlichen Herrn, kommt erst gar nicht auf den Gedanken, sich selbst zu feiern.

Nun beschreibt der philosophische Begriff des Subjektes, der unzertrennlich mit dem Namen Immanuel Kant verbunden ist, erstens nicht etwas vollkommen Neues und zweitens zum Teil etwas anderes, als man üblicherweise annimmt. Erstens taucht der Begriff »Subjekt« in seiner neuen Position schon vor Kant auf. Und zweitens folgt Kant mit seiner berühmten Aufforderung zum Selbstdenken, die am Anfang aller Subjektivität steht, selbst wiederum einem Befehl, der vom König höchstpersönlich kommt. Beide Tatsachen zusammengenommen lassen eigentlich nur die Folgerung zu, dass das moderne Subjekt nicht nur das ist, was die Philosophen sagen, sondern zugleich Ergebnis einer neuen Art von Regierungstechnik.

Klären wir erst einmal, warum Kant nicht allein auf die Idee des Subjekts kam, sondern sich von Juristen und Regierenden auf die Sprünge helfen ließ.

Wie wir gesehen haben, kannte die Rechtswissenschaft lange vor Kant den Begriff der Person. Übertragen von der »Maske« des Theaters, meint das so viel wie eine gesellschaftliche oder rechtliche Rolle. In einem von Ständen geprägten Rechtsverständnis haben unterschiedliche Personen unterschiedliche Rechte und Pflichten in einer Gesellschaft. Das ändert sich grundlegend in der Zeit nach der Reformation. Der calvinistisch geprägte Jurist Hugo Donellus entwickelt 1589 in seinen Kommentaren zum Zivilrecht einen Begriff der Rechtsperson, nach dem alle Personen vor Gott und vor dem Recht gleich sind, »*ohne Ansehen des Standes*«, wie es hieß. Das hat enorme Folgen. Denn von diesem Moment an unterscheiden wir nicht zuerst in Herrschende und Untertanen. Stattdessen sind alle erst einmal gleich vor dem Recht. Damit verändert sich das eigene Selbstbewusstsein ganz grundsätzlich. Wer die gleichen Rechte hat, kann von nun an auch Dinge tun, die zuvor allein dem Adel vorbehalten waren.

Das Ganze hat natürlich einen Haken. Denn eines der ganz grundlegenden Rechtsverhältnisse ist das des Eigentums. »*Id quod nostrum est*«, heißt es bei Donellus, das, was unseres ist, und dazu gehört »*quod nos debitur*«, was uns geschuldet wird, und »*quod proprie nostrum est*«, was unser Eigenes ist. Das Eigentum tritt an die Stelle der Geburt. Von nun an gilt der Stand nichts mehr, aber der Besitz alles. Die einen haben etwas, die anderen haben nichts. Vor dem Recht sind beide gleich. Aber im Leben stehen sie trotzdem auf zwei verschiedenen Seiten. Der Rechtsgelehrte Johannes Althusius kommentiert für alle jene, denen das nicht klar war: »*Perso est homo iuris commercio habens*« – Person, also Rechtsperson, ist, wer das Recht hat, kommerziell zu handeln. Das umfasst auch das Recht, Verträge zu schließen, zum Beispiel mit einem katholischen Ablasshändler oder mit einem protestantischen Gott. Christian Wolff, der in Halle lehrende Verdeutscher der Gelehrtensprache, heute nur noch Experten bekannt, aber um 1700 äußerst einflussreich, verfrachtete den Begriff des Subjekts an die Position, in der Kant ihn später beließ. »*Homo moralis est subjectum obligationum et jurium*« – Der moralische Mensch ist Subjekt von Pflichten und Rechten. Kant wiederholt dasselbe in der Metaphysik der Sitten: »*Person ist dasjenige Subjekt, dessen Handlungen einer Zurechnung fähig sind*«, und das muss man wie meistens bei Kant wieder von hinten her lesen, um es zu verstehen. Weil wir für das, was wir tun, vor dem Recht und auch allgemein verantwortlich sind, sind wir als Rechtspersonen auch Subjekte.

Nun zeichnen sich diese Subjekte dadurch aus, dass sie einen ganz besonderen Trick beherrschen. Sie können nämlich selbst denken. Und das im Unterschied zu den Untertanen vor der Zeit der Aufklärung, die allein zu gehorchen hatten, möglichst ohne selbst zu denken. Das spiegelt sich in der Feier des Geburtstags wider. Wenn wir das Datum unserer Geburt feiern, tun wir das ganz für uns selbst, ohne uns als irgendjemandes Untertan oder als Teil einer Anordnung von Heiligen zu begreifen. Darin liegt auch einer der großen Unterschiede zum Namenstag. Im Namen feiern wir nicht allein uns selbst, sondern zugleich eine Person, die die Kirche aus irgendwelchen Gründen für heilig hält. Im Namen des Heiligen feiern wir ein anderes Fest als mit dem Datum unserer eigenen Geburt.

Zurück zur Frage des Subjekts. Hinter diesem Begriff, und übrigens auch hinter dem Datum unserer Geburt, steht der Staat und seine Verwaltung, auch wenn wir so tun, als müsste uns das nicht weiter kümmern. Aber er ist da, und das zeigt sich nirgendwo so erhellend wie in der Geschichte vom Selbstdenken. 1784 schreibt Kant in vollstem Stolz auf die Errungenschaften der Aufklärung: »*Aufklärung ist der Ausgang des Menschen aus seiner selbst verschuldeten Unmündigkeit.*« Damit beginnt eine neue Epoche der Menschheit, haben manche Denker behauptet. Endlich sind wir frei, zu denken, was wir wollen! Dabei vergessen wir aber gerne, dass Kant als Universitätsphilosoph auch

Staatsdiener war und nicht darum herumkam, auf die politischen Umstände seiner Zeit einzugehen. Genau das tut er mit seiner großen Unabhängigkeitserklärung. Er fordert von den vormaligen Untertanen nichts Geringeres als den Mut, selbst zu denken. *»Sapere aude! Habe Mut, dich deines eigenen Verstandes zu bedienen!«* ist also der Wahlspruch der Aufklärung. Mit dieser Aufforderung steht Kant nicht allein. Er folgt einem Vorgänger, und zwar einem an allerhöchster Stelle. Als Kant die Frage »Was ist Aufklärung?« beantwortete, hat er einen Befehl befolgt, und zwar von niemand anderem als seinem König Friedrich II. Neben dem Regieren fand dieser aufgeklärte Herrscher noch die Muse, sich über Erziehungsfragen auszulassen. Auf Französisch selbstverständlich, wie es sich für einen Regenten seiner Zeit gehörte. Er beklagte sich darüber, dass Lehrer *»s'appliquent uniquement à remplir la mémoire de leurs élèves, qu'ils ne les accoutument pas a penser par eux-mêmes«*, dass die Lehrer sich also einzig und allein darum kümmerten, das Gedächtnis ihrer Schüler anzufüllen, ohne sie daran zu gewöhnen, selbst zu denken. Friedrich muss das als Problem von seiner Armee her deutlich vor Augen gestanden haben. Es macht eben einen riesengroßen Unterschied, ob Untertanen und Soldaten nur gehorchen oder selbst mitdenken. Am 17. April 1770 ließ der König seine Abhandlung zur Erziehung dem Leiter für die geistlichen Departements Ernst Friedemann Freiherr von Münchhausen zustellen. Der wiederum leitete sie an den Geheimen Etats- und Justizminister Carl Joseph Maximilian Freiherr von Fürst und Kupferberg weiter. Der Minister von Fürst machte aus der königlichen Anregung eine *»geschärfte Anweisung an die Professoren«*, die noch im Mai 1770 an alle preußischen Universitäten ging. Darin heißt es unter Punkt 1: *»Der Haupt-Endzweck des Unterrichts auf Universitäten muß seyn, der Studirenden Verstand und Jugement zu formiren und sie zum Selbstdencken, und Selbsturtheilen anzuführen.«* Falls sich jemand an dem »Studirenden« statt dem zwischenzeitlich üblichen »Studenten« stört, man gebrauchte damals auf Deutsch die Übersetzung des lateinischen Wortes »studentes«. Die Idee, das Denken einem »Selbst« zuzumuten, geht nicht ganz allein auf den König zurück. Kant hatte schon im Wintersemester 1765 in der Einführung zu seinen Vorlesungen von der »*Methode selbst nachzudenken*« gesprochen und folgte darin seinem Vorbild Rousseau. Offenbar gelang ihm das ganz passabel, denn sein Schüler Herder schrieb über den Unterricht bei Kant: »*Er munterte auf, und zwang angenehm zum Selbstdenken.*« Auch hier klingt wieder Kants Vorbild Rousseau durch. In dessen Erziehungsbuch »Émile oder Über die Erziehung« wird die ganze Widersprüchlichkeit des Befehls zum Selbstdenken deutlich, wenn Émile seinen Lehrer auffordert: »*Ich will deinen Gesetzen gehorchen, ich will es immer, das ist mein beständiger Wille; bin ich dir jemals ungehorsam, so geschieht es gegen meinen Willen. (...) Zwinge mich, Herr über mich selbst zu sein.*« Ganz so wie der Zögling Émile tut das moderne Subjekt beim Selbstdenken nicht nur, was es will, sondern auch, was es soll. Genau das macht es zur Wunschfigur der Staatsräson und zum Adressaten einer freiwilligen Regierungstechnik. Im Subjekt begegnen sich immer beide Teile. Das Denken und das Gehorchen. Genauso wie die staatliche Erhebung der Personendaten und ihre Feier im Geburtstag.

Philosophisch bleibt damit die Aufgabe, das Subjekt auch voll und ganz im Staat aufgehen zu lassen, und andersherum den Staat als die Institution zu bestimmen, die alle ihre Subjekte kennt. Diese Aufgabe übernehmen die Nachfolger Kants, Preußens Philosophen Johann Gottlieb Fichte und Georg Wilhelm Friedrich Hegel.

Fichte baut Kants Aufforderung zum Selbstdenken zu einem staatlichen Erziehungsprogramm aus. »*Eine ganz andere aber und höhere Frage ist die: ob der Zögling also von brennender Liebe für eine solche Ordnung der Dinge ergriffen sey, dass es ihm, der*

Leitung der Erziehung entlassen und selbstständig hingestellt, schlechterdings unmöglich seyn werde, diese Ordnung nicht zu wollen, und nicht aus allen seinen Kräften für die Beförderung derselben zu arbeiten?«, schreibt er 1807 in seinen »Reden an die deutsche Nation«. Dazu muss man zwei Sachen bedenken. Diese Nation gab es als Staat noch gar nicht, sondern nur das Königreich Preußen. Dazu kommt, dass dieses alte Preußen, so wie die meisten Staaten in halb Europa, unter die Herrschaft von Napoleon geraten war. Fichte wurde mit seinem Programm zu einem der ersten Propagandisten des deutschen Nationalstaates.

Zu Fichtes deutschem Staat kam es erst einmal nicht. Stattdessen wurde Napoleon vertrieben und Preußen mit allem Gloria wieder aufgerichtet. In dem Moment war auch die Konjunktur von Fichte vorbei. Denn alles Mögliche konnte der preußische König brauchen, nur keine deutsche Nationalbewegung. Auch mit dem Selbstdenken nahm es kein gutes Ende. *»Alles unnötige Räsonieren und Diskutieren mit der Jugend ist zu vermeiden, damit sie früh lerne, ohne Widerspruch den vorgeschriebenen Gesetzen zu folgen und sich willig der bestehenden Obrigkeit zu unterwerfen«*, dekretierte der Kaiser Friedrich Wilhelm III. im Jahr 1819. Schluss mit Aufklärung. Hegel, der Staatsphilosoph der Stunde, hatte wohlweislich schon einige Jahre vorher einen Rückzieher gemacht. Am 23. Oktober 1812 schrieb er an seinen Kollegen Friedrich Immanuel Niethammer: *»Die Philosophie muss gelehrt und gelernt werden, so gut, als jede andere Wissenschaft. Der unglückselige Pruritus, zum Selbstdenken und eigenen Produciren zu erziehen, hat diese Wahrheit in Schatten gestellt.«* Was ein Pruritus ist, musste ich auch erst einmal nachschauen. Ein Juckreiz, eine unangenehme Empfindung der Haut, gegen die Kratzen oder Reiben hilft. Bei künftigen Anfällen von Selbstdenken, so können wir Hegel verstehen, solle man es daher am besten dabei belassen, sich am Kopf zu kratzen.

Alldem zum Trotz bleibt uns das Subjekt erhalten. Von nun an

darf es sogar dem Absoluten zustreben. »*Das Selbst als solches,
die abstrakte Person ist absolutes Wesen.*« Als absolutes und ab-
straktes muss das Subjekt zwar keinen Geburtstag mehr feiern,
aber an und für sich kann es das schon. Und auch gerne zusammen mit anderen, wie wir dem eigenhändigen Bericht des Philosophen entnehmen können. Der Zufall will es, dass Frau und
Kinder der Familie Hegel sich Ende August des Jahres 1826 in
Nürnberg aufhielten. Das gab dem Philosophen Gelegenheit,
seine Geburtstagsfeier ausführlich in einem Brief zu schildern:

In einem neuen Local, unter den Linden, das zum erstenmal
eingeweiht, großes Souper, so ausführlich, daß es verdient
hätte, dir beschrieben zu werden, wie das vollständigste,
exquisiteste Diner. Förster der Ordner, Gans, Hülsen, Hotho,
Rösel, Zelter u. s. w. etwa 20 Personen. Dann trat eine
Deputation von 20 Studenten ein, überreichte mir einen
köstlichen Becher von Silber (wie der Silberkaufmann gehört,
daß er für mich sei, hat er auch das Seinige beigetragen, da er
Zuhörer von mir gewesen) auf einem Sammtkissen, nebst
einer Anzahl gebundener Gedichte. Noch viele andere
wurden mündlich vorgetragen; auch Rösel seines, der dasselbe am Morgen mit einem antiken Geschenke (einem
Mosaikmarmortäfelchen aus Pompeji) bereits zugeschickt,
kurz so, daß es Mühe hatte, sie vor Mitternacht zu Ende zu
bringen. Daß die Studenten Musik und Tusch mitgebracht,
versteht sich so. Die Gesellschaft behielt sie gleichsam beim
Essen. (…) so verknüpften wir denn um Mitternacht meinen
Geburtstage mit Göthe's, dem 28sten. Gestern habe ich bis
11 Uhr geschlafen und mich etwas restauriert; nicht sowohl
von den körperlichen Fatiguen, als von den Rührungen
meines Gemüths und noch beim Aufstehn erhielt ich wieder
ein Gedicht, einen Morgengruße von Dr. Stieglitz. Du kannst
nicht glauben, welche herzlichen, tiefgefühlten Bezeugungen

des Zutrauens, der Liebe und der Achtung ich von den lieben Freunden – gereiften und jüngeren – erfahren. Es ist ein – für viele Mühen des Lebens – belohnender Tag.

Das Geburtstagsfest gerät Hegel zur Feier des Subjektes, in den Rührungen des Gemüts und den Bezeugungen von Zutrauen, Liebe und Achtung. In der »Enzyklopädie der philosophischen Wissenschaften« beschreibt er ein Erlebnis des Selbstwerdens, das sich mit seinem Eindruck von dem Geburtstagsabend eins zu eins deckt. »*Es ist in diese Besonderheit der Empfindungen versenkt, und zugleich schließt es durch die Idealität des Besonderen sich mit sich als subjektivem Eins zusammen. Es ist auf diese Weise Selbstgefühl – und dies zugleich nur im besonderen Gefühl.*« Dabei genügt es selbstverständlich nicht, diesen Überschwang des Gefühls nur in sich selbst zu spüren. Es bedarf auch der Anerkennung durch andere, nämlich in dem »*Trieb, sich als freies Selbst zu zeigen und für den Andern als solches da zu sein, – den Prozess des Anerkennens*«. Im realen Preußen kam das Selbstwertgefühl und die Anerkennung des Philosophen weniger gut an. Die »Vossische Zeitung« hatte über die Feier berichtet und damit etliche der Feinde Hegels gegen ihn aufgebracht, von denen es in der Stadt genug gab. Der Ärger drang bis ganz nach oben durch. »*Der König hat jetzt durch Kabinettsordre der Oberzensurbehörde aufgetragen, dafür zu sorgen, daß dergleichen Aufsätze über Privatfeiern nicht mehr in den Zeitungen Platz finden; es scheint, daß man es für unschicklich hält, andre als königliche Familienfeiern oder Beamtenfeste als so wichtig zu behandeln*«, berichtete Karl August Varnhagen von Ense. Die Subjekte dürfen sich zwar bei Gelegenheit ihrer Geburtsfeste ihrer selbst bewusst werden, aber bitte nicht zu viel Anerkennung einheimsen. Sonst könnte noch jemand auf den Gedanken kommen, dass ein Subjekt kein Untertan mehr ist.

Ausbreitung

Genauso wenig wie das Selbstdenken ließ sich das Selbstfeiern unterbinden. Im Verlauf des 17. und 18. Jahrhunderts verbreitete sich das Fest durch alle Gesellschaftsschichten. Der Eintrag in »Grimms Wörterbuch der deutschen Sprache«, der um das Jahr 1870 erschien, vermerkt: *»die feier war aber damals (und noch länger) nicht bürgerliche sitte, wie das folg. zeigt, sie scheint erst als nachahmung der hofsitte, wie so vieles, im 17. jh. in bürgerliche kreise vorgedrungen, bei den bauern noch jetzt nicht wirklich heimisch.«*

Tatsächlich hat sich das Geburtstagsfest offenbar zuerst in Mitteleuropa unter dem gehobenen Bürgertum verbreitet. In anderen Gegenden blieb das Fest noch länger allein eine Vorliebe des Adels. Das gilt selbst für Länder, die protestantisch geprägt waren. So datiert eine der frühesten Schilderungen einer Geburtstagsfeier in den Vereinigten Staaten erst aus dem Jahr 1771. Sie findet sich im Tagebuch der Anna Green Winslow, eines jungen Mädchens, das von seinen Eltern nach Boston zur Schule geschickt wurde und bei einer Tante wohnte. Der Eintrag von ihrem zwölften Geburtstag berichtet von den Geschenken, die schon am Tag vorher ankamen, und von den acht Freundinnen, mit denen sie ihren Tag feiern konnte, und davon, dass zu Hausmusik Menuett getanzt wurde. Sie war das, was man eine höhere Tochter nennen kann, ihr Vater Abgeordneter im Parlament von Neuschottland und in Diensten der britischen Krone und ihre Mutter aus einem reichen Handelshaus.

Die Sitte, den Geburtstag zu feiern, scheint aus Deutschland gekommen zu sein. Es waren vor allem die Kindergeburtstage, die sich vom Kreis der deutschen Einwanderer aus verbreiteten, mit all den auch heute noch bekannten Gebräuchen; Kuchen mit

Nüssen und Korinthen, Kerzen zum Ausblasen. In Amerika erwies sich das Geburtstagsfest als abwechslungsreicher und wandlungsfähiger als in Deutschland. Allerlei Sitten wurden hinzugefügt und ausprobiert. Man stellte mit Bändern und Bonbons dekorierte Bäume auf, wie an Weihnachten, und legte die Geschenke darunter. Vom Nikolausfest borgte man sich einen bärtigen Geburtstagsmann, der gute Kinder beschenkte und böse züchtigte. Eine wichtige Erweiterung fügten die spanischsprachigen Einwanderer hinzu. Sie machten aus dem 15. Geburtstag, besonders der Mädchen, ein ganz besonders buntes und aufwendiges Spektakel, die Quinceañera.

In England trug die Königin Victoria dazu bei, das Geburtstagsfest populär zu machen. Die Gebräuche dazu brachte sie aus Deutschland mit, ihre Mutter war Marie Louise Victoire von Sachsen-Coburg-Saalfeld. Die Eltern von Victoria zogen vor der Niederkunft im Frühjahr 1819 von Amorbach zurück nach London, weil eine Geburt in England für die mögliche Thronfolge unerlässlich war. Die Erziehung der späteren Königin oblag ab dem Alter von fünf Jahren der Baronesse Louise Lehzen aus Coburg, die bereits in Deutschland am Hof ihrer Mutter angestellt war. In ihrem Tagebuch verzeichnete die spätere Königin ihre Geburtstage auf das genaueste. Im Alter von 14 dominierten noch die Geschenke. Ich habe nirgendwo sonst eine derart akribische und lange Aufzählung von Geschenken gefunden. Sie liest sich, als würde sich die angehende Thronfolgerin mit der Verwaltung ihres Tagesablaufs und ihrer Gaben auf die künftige Verwaltung des britischen Weltreichs vorbereiten.

Heute ist mein Geburtstag. Ich werde heute vierzehn Jahre alt! Wie unglaublich alt!! Ich bin um halb 6 aufgewacht und um halb 7 aufgestanden. Von Mama bekam ich eine Hyazinthenbrosche und eine Stiftablage aus Porzellan. Von Onkel

Leopold einen sehr netten Brief und auch von Tante Louisa
und Feodora. Ich gab Mama einen kleinen Ring. Von Lehzen
bekam ich eine hübsche kleine Porzellanfigur und ein ent-
zückendes kleines Porzellanschälchen. Ich gab ihr eine Gold-
kette und Mama gab ihr ein passendes Paar Ohrringe. Von
meinen Kammermädchen Frances und Caroline bekam ich
selbstgemachte Kleinigkeiten. Um halb 9 haben wir gefrüh-
stückt. Nach dem Frühstück gingen wir in den Raum, in dem
mein Tisch hergerichtet war. Mama gab mir eine entzückende
selbstgemachte Tasche, einen schönen Armreif, zwei entzückende Féronières, eine mit einem rosa Topas, die andere
mit Türkisen; zwei Kleider, zwei Drucke, einige Bücher, ein
paar Handtücher und eine Schürze. Von Lehzen einen schönen Druck des Russell Prozesses. Von Späth ein Glas und
einen Teller aus böhmischem Glas. Von Sir Robert Gardiner
einen Porzellanteller mit Früchten. Von Victoria und Emily
Gardiner zwei Leinwände und einen selbstgemachten Druck.
Vom Dekan einige Bücher. Das Geschenk meines Bruders
Charles war nicht fertig. Um halb 10 kamen Sir John und
seine drei Söhne. Von Sir John bekam ich ein sehr hübsches
Bild von Dash, sehr treffend, lebensgroß. Von Jane, Victoire,
Edward, Stephen und Henry einen hübschen emaillierten
Uhrenhalter. Von Lady Conroy ein Nadelkissen mit Nadel-
köcher aus Sandelholz. Die Herzogin von Gordon hat mir
eine entzückende kleine Krone mit kostbaren Edelsteinen
geschickt, die »God save the Kind« spielt, und eine Porzellan-
schale. Um 12 kam die Herzogin von Northumberland (die
mir ein Schälchen aus Elfenbein gab, mit etwas von ihren
Nichten Gebasteltem drin), Lady Charlotte St. Maur ein
schönes Album mit einem Gemälde darauf; Lady Catherine
Jenkinson eine hübsche Nachttischlampe. Lady Cust ein Ta-
blett aus Staffordshire Porzellan. Sir Frederick Wetherall zwei
Porzellanvasen aus Paris. Doctor Maton eine kleine Zedern-

holzschale. Lady Conroy, Jane, Victoire, Sir Gregory Anson, Sir John und der Dekan kamen auch. Lady Conroy brachte Bijou mit (ihren kleinen Hund), und sie gab mir eine kleine süße Duftschatulle. Sie blieben bis halb 1. Victoire blieb. Ich gab ihr ein Porträt von Isabel, ihrem Pferd. Um 1 Uhr aßen wir zu Mittag. Victoire blieb bis halb 3. Um halb 3 kam die königliche Familie. Die Queen gab mir ein Paar Diamantohr-ringe vom König. Sie selbst gab mir eine goldene Türkis-Brosche in Form eines Bogens. Tante Augusta gab mir ein Schächtelchen aus Sandelholz. Von Tante Gloucester, Tante Sophia und Onkel Sussex eine Perlen-Féronière. Von Tante Sophia alleine eine selbstgemachte Tasche. Vom Herzog von Gloucester ein goldenes Schreibtischset. Vom Herzog und der Herzogin von Cumberland ein Türkis-Armreif; und die Herzogin brachte mir eine Türkis-Nadel von meinem Cousin George Cumberland. Von Prinzessin Sophia Mathilda einen Uhrenhalter aus blauen Topas. Von George Cambridge eine Brosche in der Form eines Maiglöckchens. Lady Mayo, die der Queen aufwartete, gab mir eine Glasflasche. Sie blieben bis halb 4 und gingen dann. Im Verlauf des Tages sah ich Sarah, mein ehemaliges Zimmermädchen, und Frau Brock. Die Ladies Emma und Georgiana Herbert schickten mir ein Täschchen für Taschentücher. Ladies Sarah und Clementina Viliers schickten mir einen Blumenkamm und eine Brosche. Mr. Collen schickte mir ein kleines Bild für mein Album. Um halb 7 aßen wir zu Abend.

Einige der frühviktorianischen Schmuckstücke kennt man heute gar nicht mehr. Was eine Feronnière ist, von Victoria immer mit einem »n« geschrieben, war am leichtesten herauszufinden. Wie es der Zufall wollte, begegnete mir vor meiner Haustür genau einen Tag, nachdem ich die Liste übersetzt hatte, ein Mädchen mit einem solchen Schmuckstück. Es handelt sich um ein Kettchen, das über den Haaren um den Kopf liegt und einen Edelstein oder eine Art von Brosche auf der Stirn hält. Den Blumenkamm, »flowers as a comb«, würde ich für einen Steckkamm mit Blumen halten. Den »watch hook« kennen wir heute noch, nämlich als Dock oder Docking Station fürs Telefon oder andere aufladbare Geräte. Damals handelte es sich, lange vor jeder Stromversorgung, um ein gern reich verziertes kleines Gestell mit einem Haken, an den die Taschenuhr gehängt wurde. Damit war der Reigen der Geschenke beendet, und es ging zum Tanz. Fünf Jahre später, mit 19 und im ersten Jahr ihrer Regentschaft, dreht sich alles nur noch ums Tanzen. Die Aufzeichnungen notieren die Abfolge ihrer Tanzpartner mit der gleichen Akribie und fast genauso leidenschaftslos:

Ich habe mit Lord George Paget, Lord Canteloupe, Lord Milton und Lord Leveson getanzt. Graf Eugene Zichy (der Cousin von Gräfin Zichy's Ehemann) trug eine außerordentlich schöne Uniform, über und über mit prächtigen Türkisen verziert … Wir gingen in den anderen Saal und tanzten einen alten englischen Country-Tanz mit 72 Paaren, der eine Stunde dauerte, von 3 bis 4! Ich tanzte mit Lord Uxbridge, Lord Canteloupe, an seiner Seite Lady Cowper, und mit dem Herzog von Devonshire mit Lady Lothian auf der anderen Seite. Das war ein lustiges und herrliches Vergnügen. Ich verließ den Ball um 10 nach 4 und war um 5 im Bett – helles Tageslicht. Es war ein reizender Ball und der fröhlichste Geburtstag, den ich seit vielen Jahren gefeiert habe.

Die Feste der englischen Königin mögen von der Gleichförmigkeit des Hofzeremoniells geprägt gewesen sein. Von den barocken Inszenierungen der europäischen Fürsten fehlt jede Spur. Das Fest begnügt sich mit der gewöhnlichen Form eines Empfangs mit Dinner und Ball. Die fleißige private Buchführung der Königin fand übrigens bald Nachahmer. Ab der Mitte des 19. Jahrhunderts kamen in England sogenannte »Birthday Books«, also Geburtstagsbücher auf, die nur dazu gedacht waren, das freudige Ereignis in allen Einzelheiten zu dokumentieren und die Pflichten und Aufgaben rund um das Fest genau aufzuschreiben und zu planen.

Würgen und Binden

Die Gebräuche des Geburtstagsfestes stammen aus allen möglichen Quellen. Nach einer tausendjährigen Pause kann man davon ausgehen, dass kaum noch etwas direkt von antiken Traditionen herzuleiten ist. Das Selbst-Feiern musste oder konnte, je nach Perspektive, also im 17. Jahrhundert ganz neu erfunden werden. Die Elemente dazu rühren von vielen anderen Anlässen her und greifen vielleicht auch die eine oder andere antike Tradition wieder auf, so wie man sie in antiken Schriften finden konnte.

Was die Feste der Aristokraten betraf, reichte deren Tradition womöglich länger zurück. Am Ende unterliegen die Feste bei Hofe wechselnden Moden und zeremoniellen Ritualen. Die Vorbildfunktion höfischer Etikette wurde je nach Weltlage der einen oder anderen führenden Nation zugesprochen. In Mitteleuropa richtete man sich im 16. Jahrhundert nach dem spanischen Hof, als das Land durch seine Kolonien reich wurde. Im 17. und 18. Jahrhundert orientierte man sich an Frankreich. Das spiegelt sich in den Hofzeremonien wider und damit auch in den Geburtstagsfesten des späten Barock.

Die übrigen Stände übernahmen von den adligen Formen am Ende kaum etwas. Sie erfanden ihr Geburtstagsfest ganz neu und vermischten dabei ganz unterschiedliche Gebräuche. Eines der wichtigsten Vorbilder liegt sicher in jenem Geburtstagsfest, das all die Jahrhunderte hindurch gefeiert wurde, nämlich Weihnachten. Bei der anderen Quelle handelt es sich um das einzige private Fest, das immer gefeiert wurde, die Hochzeit.

Manche der dabei aufgenommenen Bräuche kennen wir noch heute, andere sind völlig verschwunden, etwa das »Würgen« und das »Anbinden«. Beide hängen miteinander zusammen, beide kommen vom Schenken her.

Das Würgen gab es noch in der zweiten Hälfte des 20. Jahrhunderts. Man liest davon aber auch schon um 1600. Demnach war es vor allem in den alemannischen Gegenden ein weitverbreiteter Brauch, den Feiernden an seinem Geburtstag mit beiden Händen zu würgen. Tatsächlich wurden, will man den Geschichten glauben, Geburtstagskinder gelegentlich von ihren Freunden gemeinsam gewürgt, bis sie keine Luft mehr bekamen. Um freizukommen, mussten die Gewürgten versprechen, ihrerseits etwas zu schenken oder ein Essen zu spendieren oder eine Runde auszugeben. Der Brauch scheint so geläufig gewesen zu sein, dass um 1700 in einem lokal verbreiteten Latein-Wörterbuch »Natalitia dare«, was so viel heißt wie »zum Geburtstag beglückwünschen« mit »die würgete geben« übersetzt wurde. Woher die Sitte kommt, erschließt sich ein wenig aus einem verwandten Wort. Statt »würgete« sagte man gelegentlich auch »halsete«. Von dort ist es nicht weit bis zum heute noch gebräuchlichen »um den Hals fallen«. Beim »Würgen« hätte es sich demnach um nichts weiter als eine übertrieben herzliche Umarmung gehandelt. Gerade wenn es um Geschenke geht, kommen solche Übertreibungen immer wieder vor. Das ist leicht zu verstehen, gerät man beim Schenken doch gerne in einen Überbietungswettbewerb. »Mehr« lässt sich eben auch in Heftigkeit oder Größe ausdrücken, wenn einem sonst nichts einfällt. Und manchmal, wenn man es wirklich übertreibt, hält die Wirkung außerordentlich lange an.

Krösus ist den meisten Menschen heute noch ein Begriff. Diesen Krösus gab es wirklich. Er herrschte im 6. Jahrhundert vor Christus in der Nähe des heutigen Izmir. In seinem Königreich Lydien befand sich eine Goldmine. Ob sie ihn wirklich so reich machte, wie die Legende behauptet, wissen wir nicht. Aber wir wissen, wie er sich den Ruf eines antiken Superreichen erwarb:

mit einer Übertreibung. Krösus wollte von den Griechen als einer der ihren anerkannt werden. Da aber in seinem Königreich Lydien nicht Griechisch, sondern Lydisch gesprochen wurde und die Lydier daher als Barbaren galten, versuchte er, sein Griechentum durch eine besonders große Opfergabe an den Tempel in Delphi zu beweisen. Normalerweise nahm man dort Gaben von Nicht-Griechen nicht an. Krösus spendete einen sogenannter *kratér*, einen *pitcher*, würde man in Amerika sagen, also einen großen Krug mit zwei Henkeln. Das Besondere am *kratér* des Krösus war nicht, dass er aus Gold war, sondern dass er, laut Herodot, achteinhalb Talente und zwölf Minen wog. Nach heutigem Maß wären das 225 Kilo. Die Übertreibung hat gewirkt, denn bis heute gilt Krösus als Inbegriff des Reichtums.

Ein anderer Brauch ist das »Binden«. Es war sehr lange üblich, Gaben an ein Band zu binden.

Bei der am häufigsten überlieferten Fassung des Brauchs wird dem Beschenkten ein Blumenstrauß mit einem Band an den linken Unterarm geknotet. Das Band konnte aus Seide, Stoff, Leinen oder Stroh sein. Die Sitte des Bindens wurde nicht nur anlässlich eines Geburtstags, sondern auch an Namenstagen und, noch wichtiger, bei Hochzeitsfeiern praktiziert. Vieles spricht dafür, dass dieser Brauch von den Hochzeiten herkam. Das Binden scheint in ganz Deutschland weit verbreitet gewesen zu sein, und zwar lange vor der Wiedereinführung des Geburtstags. Zeugnisse aus dem 17. Jahrhundert erwähnen es bereits als alten Brauch. Laut dem Wörterbuch der Brüder Grimm gab es die Sitte schon im 16. Jahrhundert, mit anderen als den heute üblichen Geschenken wie etwa auf Papier notierten Gedichten oder Geld. Noch am Ende des 18. Jahrhunderts war der Brauch so gängig, dass Christiane Vulpius im August 1799 an Goethe schreibt: *»Heute hat mich der Gustel und die Tante jedes mit einem großen Kuchen angebunden, und ich denke, wir wollen heute noch recht* *vergnügt sein; und wenn wir wieder beisammen sind, will ich Dir alle unsere Späße erzählen.*« Als Anlass kommt der Namenstag des Sohnes am 3. August in Frage, allerdings datiert der Brief vom 6. des Monats.

Das Binden ähnelt in einer Hinsicht dem Würgen. Vom »Angebundenen« wurde ebenfalls erwartet, sich zu »lösen« oder »auszulösen«. Das führte dazu, dass man spaßeshalber versuchte, die Beschenkten an einen Stuhl oder einen Tisch zu binden, ohne dass sie es bemerkten. »Lösen« konnten sie sich nur, indem sie »Lösegeld« bezahlten.

Vom »Binden« und von den »Gebinden« zum Geburtstag berichten sehr viele Zeugnisse. Im Lauf des 19. Jahrhunderts verliert sich der Brauch. 1848 schreibt der Sprach- und Märchenforscher Jacob Grimm: »*Doch wer von uns entsinnt sich nicht des fast in ganz Deutschland herrschenden und noch heute, auch wenn der brauch selbst zu verschwinden anfängt, gangbaren ausdrucks angebinde für geschenk?*« Offenbar, so Grimm, hat sich die Sitte von den Deutschen her auf einige Nachbarvölker übertragen. Er nennt Polen, Böhmen und Lettland. Aber auch dort verschwindet sie bald wieder.

Es gibt einen gemeinsamen Aspekt des Bindens und des Würgens, der uns vielleicht einen Hinweis auf ihre Herkunft gibt. Es ist das, was Ethnologen die Reziprozität nennen würden, nämlich die Verknüpfung von Gabe und Gegengabe. Verhaltensforscher, Anthropologen und Philosophen haben lang darüber diskutiert, ob Geben immer wechselseitig sein muss und ob eine Gabe immer in einen Tausch übergeht oder nicht. Das Binden wie auch das Würgen fordern diese Wechselseitigkeit. Sie geben etwas, wollen aber auch etwas zurückerhalten. Von daher liegt die Vermutung nahe, dass es sich beim Brauch des Bindens um einen Rest älterer Gabenkulte handelt, die immer schon auf den Tausch hinzielten. Verschwunden sind diese Sitten, weil das

Schenken beim Geburtstagsfest einer anderen Ökonomie folgt. Die Geschenke müssen nicht gleich erwidert werden, sondern irgendwann, wenn sich vielleicht eine Gelegenheit bietet, oder auch nicht.

Grimm deutet in dieselbe Richtung, wenn er hinter dem Binden noch eine ältere und in den Bereich des Magischen reichende Handlung sieht. »*Uebrigens gleicht das anbinden der geschenke dem der heilmittel und reliquien, wovon ich mythologie s. 1125. 1151 gesprochen habe; die ihnen beiwohnende kraft sollte durch das binden auf das kranke glied übergehn und es wäre denkbar, dasz man auch von geschenken, die aus geliebten bänden empfangen werden, ähnliche einwirkung erwartete.*« Von hier aus gibt es eine Verbindung zu magischen Praktiken und den dazugehörigen, etwas esoterischen Wissensformen des Barock. Giordano Bruno hat 1591 ein ganzes Buch »Über Bänder im Allgemeinen« geschrieben, »De vinculis in genere«, und zwar als Anhang zu seiner Schrift über Magie. Im Binden oder Verbinden oder Verknüpfen oder Fesseln, wie man etwas dramatischer übersetzen kann, sieht Bruno ein Grundelement jeder magischen Praxis. Geschenke zählen dazu. »*Es sind gewisse äußere Dinge, die fesseln, wie Geschenke, Willfährigkeiten, Ehren und Aufmerksamkeiten.*« Das Band zeigt die magische Kraft der Geschenke. Bis weit ins 19. Jahrhundert blieben von diesem Brauch die Geburtstagsbänder übrig, oft bemalt oder beschrieben. Wiederum Goethe berichtet davon in »Dichtung und Wahrheit«: »*Gemalte Bänder waren damals Mode geworden; ich malte ihr gleich ein paar Stücke und sendete sie mit einem kleinen Gedicht voraus.*« Die Schnüre, Fäden und Bänder, mit denen wir heute noch unsere Geschenke verpacken, zeugen als letzte Überbleibsel vom Brauch des Bindens und den magischen Kräften der Geschenke.

Kuchen und Kerzen

Was dagegen noch heute zu jedem richtigen Geburtstagsfest gehört, sind Kuchen und Kerzen. Beide kannte man schon in der Antike. Das heißt aber nicht, dass sie von dorther übernommen wurden. Süßes Gebäck und Lichter gab und gibt es so gut wie immer und überall bei Feiern jeder Art. Die Sitte, den Kuchen mit so vielen Kerzen zu verzieren, wie das Geburtstagskind alt ist, kam wohl im 19. Jahrhundert in Norddeutschland auf.

Einige Voraussetzungen für die moderne Fassung der Bräuche sind vergleichsweise profan. Man muss sie nicht in der Antike suchen. Ein wenig Chemie reicht völlig, für Kerzen wie für Kuchen. Beides waren am Anfang des 19. Jahrhunderts teure und aufwendig herzustellende Dinge. Kuchenteig musste mit Hefe angesetzt werden. Kerzen waren aus Bienenwachs. Dann kam die moderne Chemie und mit ihr eine Revolution, die viele Praktiken des Alltags veränderte, auch das Backen und das Licht.

Für Kuchen und Kerzen von heute nimmt man Natriumhydrogencarbonat, Kaliumhydrogentartrat und azyklische Alkane. Das alles wurde um 1830 entdeckt, und wie es der Zufall will, im Hauptverbreitungsgebiet der privaten Geburtstagsfeierei.

Zum Backen braucht es nämlich nicht nur sieben Sachen, sondern acht. Eier und Schmalz, Zucker und Salz, Milch und Mehl und auch Safran helfen wohl, aber das Wichtigste fehlt, jedenfalls wenn der Kuchen schön locker und nicht hart wie trocken Brot werden soll. Der Fehler in dem Lied liegt daran, dass die moderne Fassung zwar auf einen mittelalterlichen Text zurückgeht, aber diese ursprüngliche Fassung gar keinen Kuchen verspricht, sondern nur ein »muos«, also einen Brei.

Vor 1830 war Kuchenbacken nicht so einfach wie heute. Damals kam Justus Liebig, einer der größten Chemiker seiner Zeit, auf die Idee, dass es noch bessere Backmittel als Hefe geben könnte.

1833 experimentierte Liebig in Gießen mit Weinstein und Natron. Einer seiner amerikanischen Schüler, Eben Norton Horsford, entwickelte von dieser Grundlage aus ein brauchbares Backgemisch. In den 1850er Jahren begann der Chemiker und Apotheker Ludwig Clamor Marquart aus Bonn damit, Backpulver industriell herzustellen. Die Privathaushalte erreichte das Pulver erst, als ein findiger Apotheker aus Bielefeld im Jahr 1891 auf die Idee kam, das Gemisch in kleine Tütchen abzufüllen. Sein Name war August Oetker. So viel zum Geburtstagskuchen.

Mit den Kerzen verhält es sich ähnlich. Solange sie aus teurem Bienenwachs hergestellt wurden, blieben sie den gutbetuchten Bürgern vorbehalten. Einfache Leute konnten sich die teuren Kerzen nicht leisten und leuchteten mit allerlei Funzeln, Tran oder Talg oder sogar nur mit Kienspänen. Der französische Chemiker Michel Eugène Chevreul untersuchte den Talg und fand dessen brennbaren Bestandteil, dem er den Namen Stearinsäure gab, von griechisch *stéar* für Talg. Industriell kam die Herstellung von Kerzen einen großen Schritt voran, als Karl von Reichenbach aus Stuttgart im Jahr 1833 bei der chemischen Analyse von Holzteer das verwandte Paraffin entdeckte. Richtig günstig wurden Kerzen erst, seit man dieses Paraffin aus dem neu entdeckten Erdöl extrahieren konnte. Das allerdings war erst um 1880 im industriellen Maßstab möglich.

Und der Brauch, die Geburtstagskerzen auszublasen? Dass Kerzen für den allgemeinen Privatgebrauch eine recht moderne Angelegenheit sind, hielt Kulturhistoriker nicht davon ab, tief in der Festkultur der Antike nach verwandten Gebräuchen zu graben. Eine besonders aufregende Theorie beginnt mit dem attischen Fest der Lenäen und endet bei den Geburtstagskerzen. Wie wir wissen, wurden Kerzen gerne von der Kirche eingesetzt. Die frühen Christen wiederum haben viele Rituale von antiken Festen übernommen. Kerzen aus Bienenwachs verbreiteten sich tatsächlich in Rom etwa ab dem 2. Jahrhundert. Das Umhertragen langer Kerzen während nächtlicher Prozessionen soll allerdings älteren Ursprungs sein und auf ebenjenes Fest der Lenäen zurückgehen. Diese Feier zu Ehren des Wein- und Rauschgottes Dionysos fand üblicherweise im Januar statt, also in etwa zur gleichen Zeit wie das orthodoxe Weihnachtsfest. Anlässlich der Lenäen gab es immer eine Prozession. Bei dieser Gelegenheit wurden kerzenähnliche Figuren durch die Stadt Athen getragen. Dabei handelte es sich allerdings nicht um Kerzen, und die Figuren hatten auch nicht den Zweck zu leuchten. Es waren vielmehr, wie wir unter anderem aus Theaterstücken des Aristophanes wissen, Phallusstatuen. Phalluskulte waren in der Antike nichts Besonderes, wie man in jedem gutsortierten Museum antiker Alltagsgegenstände sehen kann. Dennoch, die modernen Kerzen auf den Geburtstagskuchen haben mit den antiken Phallusstatuetten mit allergrößter Wahrscheinlichkeit nichts zu tun. Es gibt also nicht nur Bräuche, die fälschlich als alt angesehen werden, sondern auch Herleitungen, die sich spektakulär anhören und trotzdem nicht stimmen.

Gratulationen

Bleiben einige wenige Bräuche, die sich tatsächlich von der Antike bis in die Gegenwart erhalten haben, etwa die Glückwünsche und die Geschenke. Ein Geburtstagsfest ohne Gaben lässt sich kaum vorstellen. Auch wenn Ovid nur den Göttern geopfert hat, aber schließlich war ja auch seine Gemahlin nicht vor Ort. Und auch den Glückwünschen ist bei einem privaten Fest kaum zu entkommen.

Dabei ist das Glückwünschen eine etwas eigenartige Äußerung, die uns einen Moment beschäftigen sollte. Was geschieht genau, wenn wir jemandem alles Gute wünschen? Der Glückwunsch gehört zur Kategorie der sogenannten Sprechakte. *»Ich wünsche dir alles Gute zum Geburtstag!«* Wir tun etwas, indem wir diese Aussage aussprechen. Linguisten nennen das eine performative Aussage. Ob sie wahr oder falsch ist, lässt sich nicht sagen, und es würde auch keinen Sinn ergeben. Sie funktioniert nur unter der Voraussetzung, dass alle Beteiligten sich darüber einig sind, was gesagt werden soll und welche Meinungen und Gefühle damit geäußert werden. Der Philosoph John L. Austin kommt in seinem Buch über Sprechakte auf das Glückwünschen in einem Kapitel unter der Überschrift »Gefühle« zu sprechen: *»Beispiele dafür, daß jemand nicht die richtigen Gefühle hat: ›Ich beglückwünsche Sie‹, obgleich man mit der Sache gar nicht zufrieden ist, sich vielleicht sogar darüber ärgert. (…) Die Umstände sind hier in Ordnung, die Handlung ist vollzogen: sie ist nicht nichtig, sondern unredlich.«* Aber der Glückwunsch gilt als übermittelt, indem die Aussage ausgesprochen wird. Es handelt sich dabei um einen sogenannten illokutionären Akt, und das heißt, um eine Aussage, die ganz durch Konventionen bestimmt ist. Bei einem Geburtstag wissen die Gäste, dass es sich gehört zu gratulieren, und die feiernde Person rechnet damit, dass man ihr gratuliert. Mit dem Glückwunsch vollziehen wir einfach nur diese Konvention. Der Informationsgehalt geht gegen null, denn maximal kann das Gratulieren vielleicht unterschiedlich intensiv ausfallen. Ich teile meinem Gegenüber nichts Neues mit, indem ich ihm gratuliere. Dennoch hat die Aussage eine Wirkung, Austin unterscheidet gleich drei verschiedene Aspekte: »*das Verständnis sichern, wirksam sein und zu einer Antwort auffordern*«. Der letzte Punkt ist der einfachste. Das Geburtstagskind bedankt sich. Die Wirkung ist eine Art von Abhaken nach dem Muster »xy hat mir gratuliert«. Das Verständnis sichern heißt erst einmal nur, dass die beiden miteinander geredet haben und beide einig sind, dass geschehen ist, was geschehen sollte.

Warum interessiert uns all das? Wenn wir gratulieren, sagen wir nichts von Bedeutung. Wir rufen eine gewöhnliche Situation auf, und zwar so gewöhnlich, dass jeder sie genau kennt. Überraschendes gibt es nicht zu melden. Aber die Situation selbst ist nicht ganz uninteressant. Es wird nämlich nicht überall gleich gratuliert. Und es ändert sich etwas am Gratulieren. Darauf werden wir ganz am Ende noch einmal zurückkommen.

Erst einmal einige Details. In den Niederlanden etwa wird nicht nur dem Geburtstagskind gratuliert. Man kann auch durchaus dem Ehemann oder der Ehefrau oder einem Partner Glückwünsche zum Geburtstag des Partners übermitteln. Plötzlich wird aus einer zweiwertigen Handlung, »A gratuliert B«, eine dreiwertige: »A gratuliert B zum Geburtstag von C«. Seltsam? Warum? Nun ja, weil wir Konventionen weder bemerken noch hinterfragen, sondern einfach als gegeben annehmen.

Es gibt einige andere kleine Regeln und Formen beim Gratulieren. Zwischenzeitlich galt es als Unglück, zu spät zu gratulieren. Deshalb beeilten sich alle, möglichst früh dran zu sein. Dann wieder galt es als Unglück, zu früh zu gratulieren. Die Grenzen der Konvention müssen immer genau bestimmt werden. Und sei es durch Zauber und Aberglauben.

Und schließlich gab es eine Zeit, da war das Gratulieren eine eigene literarische Gattung. Glückwünsche in Gedichtform trugen in Griechenland einen eigenen Namen, sie hießen »Genethliaka«. Die Römer nannten sie »Carmina natalicia«. Tatsächlich handelt es sich wahrscheinlich um einen ursprünglich römischen Brauch, denn auch von griechischen Dichtern sind keine Genethliaka vor der Zeit des Kaisers Augustus bekannt. Aus dem Rom der Zeit des Augustus dagegen kennen wir etliche Geburtstagsgedichte, so etwa von Tibull oder einem seiner Nachahmer für eine Sulpicia und einen Cornutus. Ein weiteres von Sulpicia für einen gewissen Cerinthus, bei dem es sich auch um Cornutus gehandelt haben könnte. Von Properz, einem meiner Favoriten unter den römischen Dichtern, ist ein sehr intimes Glückwunschgedicht für eine Cynthia erhalten geblieben. Es beschreibt vom Aufstehen am Morgen bis zum Zubettgehen am Abend den ganzen Tagesablauf ihres Geburtstags. Mit der Renaissance und der Wiederaktivierung der römischen Kultur erinnerte man sich auch wieder an die Geburtstagsgedichte. Die antiken Vorbilder wurden nachgeahmt und etablierten sich als festes Genre, wie wir bei Fleming gesehen haben. Zu Hegels Geburtstag waren sie noch so beliebt, dass sich das Verlesen der Gedichte bis nach Mitternacht hinzog. Das Glückwünschen überhaupt scheint in dieser Zeit überhandgenommen zu haben. So lauten Klagen um das Jahr 1830, »*daß die Glückwünscherei einer Naturkatastrophe ähnlich Stadt und Land überschwemmte und eine wahre Plage geworden war*«.

Vom sehr jungen Fontane ist aus dieser Zeit ein Versuch bekannt, sich in der Form zu üben. Im Alter von neun oder zehn Jahren schrieb er ein Gedicht zum Geburtstag seines Vaters. »*Lieber Vater, du bist kein Kater*«, so begann der Schüler, und reimte fort: »*sondern ein Mann, der nichts Fettes vertragen kann*«.

Auf Anraten seines Lehrers, eines Herrn Dr. Lau, sollte er den Kater korrigieren. Er setzte neu an: »*Lieber Vater, du Stadtberater*«.

Bei den Gedichten handelt es sich nicht nur um bloße Sprechakte. Im Idealfall sagen sie etwas, ansonsten könnte man immer die gleiche Formel gebrauchen. Es handelt sich um Geschenke, und zwar selbst angefertigte. Als Bindegedichte waren sie im deutschen Sprachraum anfangs mit dem Brauch des Bindens verknüpft, verschwanden aber schon vor den Bändern. »*diese bindgedichte scheinen in unserer späteren dichtkunst ganz verschwunden, die sitte bänder, sträusze und blumen anzuheften, kränze aufs haupt zu winden dauert allerdings noch heute fort*«, schreibt Jacob Grimm im Jahr 1848.

Seit die Menschen wieder mehr und mehr schriftliche Glückwünsche austauschen, nämlich in den vielen sozialen Medien, sei es als Kurznachrichten oder Kommentare, kommen Geburtstagsgedichte wieder auf. Man kann es beim reinen Sprechakt belassen, nämlich der einfachen Formel, oder sich die Mühe machen, sie zu einem Geschenk auszuschmücken. So schreibt Rupi Kaur, eine der derzeit wohl bekanntesten Instagram-Poetinnen, über ihre ersten lyrischen Versuche: »*I was writing birthday poems for friends and love poetry for crushes.*« Wahrscheinlich sind in keiner Epoche der Menschheit mehr Geburtstagsgedichte verfasst worden als heute. Ganz einfach weil noch nie von so vielen Leuten so viel geschrieben wurde wie in unserer Gegenwart.

Dabei waren einige antike Dichter wirklich sehr fleißig in Sachen Geschenkpoesie, wenn auch nicht nur zum Geburtstag. Der großartige Martial hat zwei ganze Bände voller zweizeiliger Geschenksprüche geschrieben, die neben seinen viel berühmteren Epigrammen kaum beachtet werden. Sie umfassen 127 Xenien und 227 Apophoreta. Xenien beziehen sich auf Gastgeschenke, genauer gesagt auf die Speisen und Getränke, die den Gästen beim Festessen aufgetragen wurden. In Martials Büchlein sind die kurzen Sprüche wie ein Menü sortiert, erst zum Gemüse, dann zum Fleisch, zum Fisch, über die Saucen, die Weine und so weiter. Uns interessieren mehr die Apophoreta, also die Geschenke zum Mit-*(apo-)*nehmen*(phorein)*. Es handelt sich um Sprüche zu Gaben, die anlässlich des Festes verschenkt oder auch verlost wurden. Denn Geschenke wurden in Rom nicht nur gebracht, sondern auch den Gästen mitgegeben, zusammen mit einem Spruch, was vor allem zu den Saturnalien üblich war. Wie immer bei Martial sind die Zeilen mehrsinnig, und oft geht bei der Übersetzung mehr als die Hälfte verloren. Ein einfaches Beispiel ist dieser Zweizeiler einer Lampe:

Lucerna cubicularis
Dulcis conscia lectuli lucerna,
Quidquid vis facias licet, tacebo.

Die Nachtlampe
Süßen Bettes Vertraute bin ich Lampe;
Magst du tun, was du willst, ich werde schweigen.

Was den neuzeitlichen Geburtstag angeht, haben Gedichte und Geschenke nie mehr so eng zusammengefunden. Solange das Dichten zum Geburtstag üblich war, nahm das Schenken keinen großen Raum ein. Und als die Geschenke immer wichtiger wurden, kamen die Gedichte aus der Mode.

Geschenke

Schenken ist eine Wissenschaft für sich. Jacob Grimm macht darauf aufmerksam, dass das Wort »schenken« in früheren Zeiten von »einschenken« herkam, weil es Sitte war, Gästen, nachdem sie über die Schwelle getreten waren, etwas zu trinken zu »schenken«.

der brauch gästen und dürftigen einzuschenken musz so alt und verbreitet gewesen sein, dasz dadurch der begriff des gebens überhaupt wo nicht verdrängt, doch entschieden bestimmt werden konnte, schenken steht uns jetzt von geben etwa so ab, wie das lateinische donare von dare, und bei den wörtern schenkung und geschenk pflegen wir uns nur donatio und donum zu denken, gar nicht mehr an die alte vorstellung des gieszens zu erinnern

Jedes Geschenk macht eine Art von Mitteilung. Allerdings eine, die man nicht so einfach dahersagen und noch schwieriger, wenn nicht gar nicht korrigieren kann.

Für Leute ohne großes Mitteilungsbedürfnis oder Fälle, bei denen die Mitteilung des Geschenks zum reinen Sprechakt verblasst, werden sogenannte Geschenkartikel hergestellt, also Dinge, die sich immer und ohne weiteres und ohne viel nachzudenken verschenken lassen. Da handelt es sich übrigens nicht um eine Erfindung des 20. Jahrhunderts. Es kursiert ja manchmal die Annahme, dass sich der Geburtstag erst im Zuge der industriellen Produktion und vor allem der Überproduktion und der Werbung seit der Mitte des vorigen Jahrhunderts in eine einzige große Konsum- und Geschenkfeier verwandelt habe. Daran stimmt manches, was die schiere Menge der Geschenke betrifft.

Beschenkt wurden die Geburtstagskinder aber auch schon lang vorher. Die ersten extra für den Anlass angefertigten Geschenkartikel, auf die ich gestoßen bin, stammen vom Ende des 19. Jahrhunderts. Es waren handbemalte Porzellantassen mit Glückwünschen. Ihre Motive übernahmen sie von den weitverbreiteten Geburtstags-Grußkarten.

Halbindustriell vorgefertigte Geschenkartikel taugen nur in den seltensten Fällen dazu, dem Geschenk eine persönliche Note zu geben. Soll das Geschenk nicht nur gratulieren, sondern etwas sagen, wird die Aufgabe kompliziert. Die Tatsache, dass wir heute ungleich mehr Dinge zur Auswahl haben als noch im 19. Jahrhundert, macht die Angelegenheit nicht einfacher. Denn nun steckt das Universum der Dinge voller Ausdrucksmöglichkeiten.

Was sagt das Geschenk? Erst einmal sagt es, was wir als Gebende über den Empfänger der Gabe denken. Was wir glauben, dass sie oder er brauchen könnte oder sich wünschen würde. Dann sagt es aber auch noch etwas über uns selbst, nämlich wie wir uns gegenüber dem anderen sehen. Goethe leitet in »Die Leiden des jungen Werther« aus dem Verhältnis dieser beiden Aussagen geradezu ein Qualitätsmerkmal für Geschenke ab:

Heute ist mein Geburtstag, und in aller Frühe empfange ich ein Päckchen von Alberten. Mir fällt beim Eröffnen sogleich eine der blassroten Schleifen in die Augen, die Lotte vor hatte, als ich sie kennen lernte, und um die ich sie seither etlichemal gebeten hatte. Es waren zwei Büchelchen in Duodez dabei, der kleine Wetsteinische Homer, eine Ausgabe, nach der ich so oft verlangt, um mich auf dem Spaziergange mit dem Ernestischen nicht zu schleppen. Sieh! So kommen sie meinen Wünschen zuvor, so suchen sie alle die kleinen Gefälligkeiten der Freundschaft auf, die tausendmal werter sind als jene blendenden Geschenke, wodurch uns die Eitelkeit des Gebers erniedrigt.

Das Geschenk soll aber nicht nur einen Wunsch erfüllen, sondern im besten Fall auch noch überraschen. Das stellt den Schenkenden vor die noch schwierigere, aber auch aufregende und reizvolle Aufgabe, einen nicht bewussten oder unerfüllten oder unbekannten Wunsch zu erahnen, also mehr über die Beschenkten zu wissen als diese selbst.

Wer es sich dagegen einfach macht, landet unweigerlich beim Nippes-Problem. Nicht erst die Königin Victoria hatte dieses Problem, wie ihre Liste verrät, sondern auch schon die alten Römer. Die ersten Geschenke, von denen wir erfahren, sind ein goldener Ring (Plautus), eine Art von Brosche (noch einmal Plautus), ein silbernes Schreibrohr (Krinagoras) oder ein Ölgefäß. Wir finden diese Dinge in leichten Abwandlungen sowohl in der Liste der Queen Victoria als auch noch heute auf vielen Gabentischen.

Vor bald zehn Jahren tauchten die ersten Apps auf, die Hilfe bei der Suche nach dem passenden Geschenk anboten. Aus dem, was jemand eingekauft hatte, und aus all den Bildern und Angeboten, die von ihr oder ihm angesehen oder mit Likes versehen wurden, versprachen sie eine Liste möglicher Geschenke zu erstellen. Es gibt diese Apps immer noch, aber man kann nicht behaupten, dass sie ein großer Erfolg waren. Vielleicht, weil ihr Prinzip doch zu leicht zu durchschauen ist. Vielleicht auch, weil man zwar bei allen möglichen anderen Einkäufen gerne zurate zieht, was Leute gekauft und gewünscht haben. Aber gerade nicht beim Geschenk.

Länder und Schichten

Das Feiern des Geburtstags verbreitet sich seit etwa dem späten 16. Jahrhundert entlang von zwei verschiedenen Linien. Einmal quer durch die verschiedenen sozialen Klassen und Schichten der Gesellschaft. Dazu noch geografisch als ein von Kolonialisierung und Auswanderung rund um den Globus getragener Brauch. In der Neuzeit stammt der Ursprung dieses Festes wahrscheinlich aus dem deutschen Sprachraum, aber dann vermischen sich die Formen und Sitten rasch mit allen möglichen lokalen Gebräuchen. Ich wünschte, ich hätte rund um die Welt reisen können, um herauszufinden, wo und seit wann und wie Geburtstag gefeiert wird. Die koloniale und postkoloniale Geschichte des Festes bleibt eine der vielen offenen Fragen. Sie lässt sich aus Büchern und alten Texten nicht ohne weiteres erschließen.

Bleiben wir daher fürs Erste noch einen Moment in Mitteleuropa, von wo der neuzeitliche Geburtstag ausgeht. Wann das Fest dort in welche Schichten der Gesellschaft vorgedrungen ist, lässt sich nur sehr schwer feststellen. Denn wir wissen für die Anfänge nur, was aufgeschrieben wurde. Es gibt weder Fotos noch mündliche Berichte. Und geschrieben haben selbst wieder nur die Gebildeten.

Im Jahr 1812 lässt Jean Paul im »Leben Fibels« seinen Helden auf die sozialen Unterschiede beim Feiern der eigenen Geburt hinweisen:

Geburtstage waren wichtig – da an seinem 16ten das Guckkästchen ihrer Zukunft, das Wandschränkchen, sollte geöffnet werden –; daher ging er am Tage vorher mit dem Goldstücke und mit dem Auftrage in die Stadt, sich ein Angebinde und sich und der Mutter den Wiegenfestbraten zu kaufen. »Auf dem Lande«, sagte die Mutter, »haben die Bauern gar keinen Geburtstag, weil sie nicht dressiert sind; aber du glaubst nicht, wie in Dresden am Hofe jeder einen der prächtigsten Geburtstage hat, die man sich denken kann.«

Nebenher erfahren wir einen Umstand, auf den wir noch einmal genauer eingehen müssen, wenn wir auf die Kindergeburtstage zu sprechen kommen. Die Bauern waren noch nicht »dressiert«, wie es Jean Paul in seiner etwas eigentümlichen, aber sehr präzisen Sprache sagt. Das Geburtstagsfest galt ihm als Teil dieser »Dressur«.

Am Ende des 19. Jahrhunderts waren in Deutschland wohl fast alle Gesellschaftsschichten mit dem Fest in Berührung gekommen. Die Landbevölkerung und die Arbeiter feierten vermutlich seltener Geburtstag, teils einfach deshalb, weil es keine freien Tage gab, und teils, weil das Geld fehlte, um sich irgendwelche Gaben oder Feste leisten zu können. In weiten Kreisen galt der Geburtstag deshalb am Ende des 19. Jahrhunderts noch immer als eine Unsitte der Bessergestellten und wurde deshalb abgelehnt. »*Feiert aber doch einmal jemand seinen Geburtstag mit einem Fest, so wird das von allen sehr übel genommen und als unnötige Verschwendung bezeichnet. Das gleiche soll übrigens auch in Berliner Mietshäusern vorkommen.*« Die Ausbreitung ging also sowohl lokal als auch global sehr langsam vor sich. Es handelte sich ganz und gar nicht um einen viralen Impuls, der ganze Gesellschaften im Nu aufmischte.

Das Erziehungsprogramm namens Geburtstagsfest drang ganz gemächlich und teils mit Hilfe anderer Bildungsinstitutionen durch Länder und Gesellschaftsschichten. Wo das Fest einmal angekommen war, blieb es allerdings erhalten. Es handelte sich also nirgends um eine kurzfristige Mode. Da wir ohnehin nicht jeden Schritt dieser Ausbreitung nachvollziehen können, kommt jetzt ein großer Sprung an ein ganz einfaches, ungebildetes und entlegenes Ende des Weges.

In den »Aufzeichnungen aus einem Totenhaus« berichtet Dostojewski von seinen Erfahrungen in dem sibirischen Straflager bei Omsk in den Jahren 1849 bis 1853:

> Dann kam der Branntwein; das Geburtstagskind betrank sich bis zur Bewußtlosigkeit und ging dann torkelnd und stolpernd durch die Kaserne, um allen zu zeigen, daß er betrunken sei, daß er bummele, um damit die allgemeine Achtung zu erwerben. Das russische Volk hat für den Betrunkenen immer eine gewisse Sympathie; im Zuchthause erwies man einem Betrunkenen Respekt. In so einem Zuchthausbummel lag sogar etwas Aristokratisches. Wenn der Arrestant in die richtige Stimmung kam, mietete er sich immer Musiker. Es gab im Zuchthause einen Polen, einen entlaufenen Soldaten, einen recht abstoßenden Kerl, der aber Geige spielte und ein eigenes Instrument besaß – dies war sein ganzes Vermögen. Er übte kein anderes Handwerk aus und lebte nur davon, daß er sich von den Bummelnden zum Aufspielen lustiger Tänze mieten ließ. Sein Amt bestand dann darin, daß er seinem betrunkenen Auftraggeber ständig von der einen Kaserne in die andere folgte und aus aller Kraft auf der Geige kratzte.

Aller Trunkenheit zum Trotz gehören auch sibirische Straflager noch immer zum europäischen Kulturraum. Den allerdings hat das privatisierte Fest am Datum der eigenen Geburt vollkommen durchdrungen.

Ratgeber

Im 19. Jahrhundert nahmen in Deutschland die Bemühungen zu, dem Geburtstagsfest eine feste bürgerliche Form zu geben. Es erschienen etliche Ratgeber, was man an dem Tag zu tun habe und wie er richtig zu feiern sei.

Als Mittel zur Erziehung sah das Geburtstagsfest zuerst der Pädagoge Christian Gotthilf Salzmann. Im Jahr 1784 hieß es in seiner »Ankündigung einer Erziehungsanstalt«: *»Es ist ferner in meiner Erziehungsanstalt Sitte, daß die Geburtstage der Jungen und Alten begangen, daß da allerhand kleine Geschenke gemacht und kleine Feierlichkeiten angestellt werden. Es läßt sich bei solchen Gelegenheiten gar viel Gutes weit besser sagen und empfinden, als zu anderen Zeiten, es werden da aller Herzen teilnehmender und zur Freude gestimmter.«* Ab 1781 hatte er am Philanthropinum Dessau gelehrt und dann seine eigene Schule mit dem Titel »Philanthropin Schnepfenthal« bei Waltershausen in Thüringen gegründet. Er sprach daher aus langjähriger Erfahrung: *»Jedes Kind weiß den Geburtstag von jedem großen und kleinen Mitgliede der Gesellschaft. Wenigstens eine Woche vorher, ehe der Geburtstag eintritt, bemerke ich, daß die Kinder da und dort zusammen stehen, lachen, einander in die Ohren lispeln, in die Hände schlagen, springen, und wenn der Geburtstag eintritt, sind gewiß Geschenke vorhanden und Anstalten zu einer kleinen Feierlichkeit gemacht. Das alles ist Erfahrung. Wie kann man denn glauben, daß Kinder, die so gestimmt werden, filzig würden!«* Schulen wurden seitdem wohl zu einer der wichtigsten Institutionen, über die sich das Geburtstagsfest um die Welt verbreitet hat. Sobald ein Kind damit beginnt, wollen alle anderen für sich dasselbe tun. Oft genug wird es dazu gekommen sein, dass die Eltern das Fest von den Kindern übernommen haben und nicht umgekehrt, besonders in Kreisen, in denen es vorher nicht üblich war.

Ein weiteres Echo der pädagogischen Deutung des Festes findet sich in einem frühen Nachschlagewerk für den häuslichen Gebrauch. 1835 gibt das »Damen Conversations Lexikon« folgende Erläuterung: »*An solchen Tagen windet Eltern-, Gatten- und kindliche Liebe Kränze, singt Lieder, ruft Freunde herbei, die sich freuen mit den Freuenden, die Theilnahme um Theilnahme tauschen, und würzt das Mahl mit Jubel. Es ist der Geburtstag ein ernster Tag, und geeignet, über unsern Beruf, unsern Lebenszweck und unser Streben nachzudenken.*«

Wir befinden uns hier auf halbem Weg vom Fest der Erziehung zum wohlgesitteten Kaffeekränzchen. Die Affekte werden zwar noch zugelassen, aber eingehegt, und das Subjekt des Geburtstags darf sich nicht mehr einfach nur feiern, sondern soll sein Leben im Licht höherer Ziele bedenken.

Ein halbes Jahrhundert später ist die Feier auf bestem Weg, ihre feste Form zu finden. Freude und Ausgelassenheit zählen nur noch am Rand, hauptsächlich geht es nun um eine Anleitung, was sich gehört und was nicht. In ihrem Benimmbuch »Die Sitten der guten Gesellschaft« notiert die Verfasserin Marie Calm: »*Für nahe Verwandte und Freunde gibt es kein Ceremoniell hinsichtlich der Geburtstagsfeier; ferner stehende Bekannte aber haben dabei einige Formen zu beobachten. Sie werden den Gratulationsbesuch weder am frühen Morgen machen, noch nachmittags, wo sie riskieren, in eine Geburtstagsfête hinein zu geraten, sondern zu der üblichen Besuchszeit, zwischen elf und ein Uhr. Der Gefeierte setzt den Gratulanten dann gewöhnlich Wein und Kuchen vor. Sind keine Geschenke zwischen ihnen gebräuchlich, so wird der Bekannte doch nicht mit leeren Händen kommen, sondern er bringt Blumen mit: ein Bouquet oder einen Blumenstock.*«

Die Aufgabe liegt nicht nur darin, eine richtige Form zu befolgen, wo es die Regeln gibt, sondern sich auch korrekt zu verhalten, wo sie noch fehlen. Wo das festgelegte Zeremoniell noch Lücken lässt, muss sich der Einzelne selbst je nach Sachlage zu benehmen wissen. Das Subjekt ist damit zur Instanz der vollständigen und freiwilligen Selbstkontrolle geworden. Was den Geburtstag betrifft, geht es dabei vor allem um die Codierung von intimer Distanz und Nähe: »*Ein Herr wird einer Dame, zu der er keine näheren Beziehungen hat, stets nur Blumen bringen. Steht er ihr zu fern, um selbst zu ihr zu gehen, so sendet er ihr dieselben mit seiner Karte, auf die er seinen Glückwunsch geschrieben hat. Auswärtige Bekannte schreiben ihre Glückwünsche jetzt oft auf die zu Weihnachten und Neujahr so beliebten bunt illustrierten Karten; doch meinen wir, ein herzlicher Brief sei diesen, wie auch einem telegraphierten Glückwunsch vorzuziehen. Die Stunde, die der ferne Freund uns widmet, ist uns ein besserer Beweis seiner Freundschaft, als die Mark, welche er für Karte oder Telegramm ausgibt.*«

Theoretisch ist zwar nichts regelrecht verboten, aber praktisch wirken sehr viele Verhaltensweisen unmöglich. Um all den Fallen des sich Unmöglich-Machens auszuweichen, flüchten sich die Ratgeber des ausgehenden 19. Jahrhunderts zusehends in überspannte Benimmregeln. Im Jahr 1896 erschien eine Satire, die die eingefahrenen Regelwerke aufs Korn nahm. Sie trug den Titel »Der moderne Knigge«. Dem richtigen und ersten Knigge, also dem 1788 erstmals erschienenen Buch »Über den Umgang mit Menschen« des Freiherrn Adolf von Knigge, war das Geburtstagsfest keine Notiz wert. Sein Buch ist gar keine Sammlung von Benimmregeln, sondern eher eine Verhaltensstudie gesellschaftlicher Umgangsformen. Erst im Lauf des 19. Jahrhunderts begann man den »Knigge« für etwas zu halten, das er nie war, nämlich für ein verkniffenes, engstirniges und spießiges Brevier der Selbstkontrolle. Gegen diesen imaginierten, piefigen Knigge wendet sich der Verfasser des Anti-Knigge:

Die Geburtstage vergesse man. Das ist natürlich nicht leicht, aber durch Übung kommt man dahin. Wie man durch die Mnemonik das Gedächtnis stärken kann, so ist man wohl auch imstande, ein System zu schaffen, mit dessen Hilfe man das Vergessen erleichtert. Gratuliert man aber, so kaufe man kein kostbares Blumenarrangement, wenn man nicht weiß, daß die zu beglückwünschende Dame eine große Blumenfreundin ist. Giebt sie nichts auf Blumen, so wird der eintreffende Blumenaufsatz nicht freundlich empfangen, da die Empfängerin berechnet, was sie für den Betrag, den die Blumen verschlungen, Nützliches hätte haben können. (…) Schriftliche Gratulationen verfasse man in Prosa, denn es sind immer schon schlechte Verse eingetroffen, und ein wirklicher Unsinn tritt in der Prosa nicht so bemerkbar hervor. Man lasse überhaupt das Dichten zu Geburtstagen. Meist wird doch von Leuten gedichtet, die es nicht können. Der Umstand, daß das nicht bestraft wird, ist doch kein hinreichender Grund, es zu thun. (…) Hat man den Geburtstag versäumt und möchte noch am folgenden Tag ein Geschenk senden, so fasse man Mut und thue es. Selbst noch acht Tage später wird es angenommen. Man darf niemals an der Güte der Menschen zweifeln. (…) Alle auf dem Geburtstagstisch ausgestellten Geschenke finde man blendend, selbst die fürchterlichen gestickten Sofakissen.

Die Verachtung fester Regeln bricht sich nicht nur im Parodistischen Bahn. Sie äußert sich auch in den tatsächlichen Ratgebern. Um 1900 scheint ein Moment erreicht zu sein, in dem das Fest von so vielen Konventionen umstellt ist, dass diese beginnen, sich selbst zu widersprechen. Ein Buch mit dem Titel »Der Wohlanstand« empfiehlt daher vorsorglich, die Geburtstagsfeier erst einmal gar nicht als solche anzukündigen: *»Will man nähere Bekannte hierzu mündlich oder schriftlich einladen, so darf die*

Veranlassung der Einladung nicht angegeben werden, weil man sich in den Verdacht bringt, ein Geschenk haben zu wollen. Hat man der Einladung Folge geleistet und erfährt dann von dem Geburtstage, so gratuliert man, aber ohne nach dem Alter der Person zu fragen. Ein Geschenk braucht man dann nicht zu geben, kann dies aber noch nachholen.«

Selbstverständlich ruft die Geheimhaltung auf der einen Seite umso stärkere Bemühungen der anderen hervor, die Geheimnisse auszuspionieren, in dem Fall das Datum des Geburtstags. Im Nu entfalten sich rund um den Anlass erstaunliche und paranoide Verhaltensmuster: *»Verkehrt man in einem Hause, so erkundige man sich unbemerkt nach den Geburtstagen der Familienmitglieder. Man suche diskret zu erfahren, was sich jemand wünscht, um ihm mit dem Geschenk eine besondere Freude zu bereiten.«* Ist das Geheimnis einmal aufgeflogen, gelten wieder die üblichen, auch vorher schon bekannten Verhaltensregeln, wobei das Auseinanderfallen von Ausdruck nach außen und innerem Gefühl zusehends Probleme macht: *»Empfängt man ein Geschenk, so enthülle man es sogleich, in Gegenwart des Gebers gebe man seiner Freude Ausdruck, zeige es anderen und spreche seinen Dank aus. Sollte es nicht nach Wunsch und Geschmack ausgefallen sein, so hüte man sich, seine Enttäuschung zu zeigen. Man bedenke, daß der Geschmack verschieden ist, und die Wahl des Geschenkes vielleicht viel Sorge bereitet hat.«*

Von Freude und Ausgelassenheit findet sich hier keine Spur mehr. In den 1920er Jahren verdichten sich die Widersprüche rund um das Fest. Psychologen würden von einem *double bind* sprechen. So liegt der Wunsch, Geschenke haben zu wollen, mit dem Verbot über Kreuz, sie nicht wünschen zu dürfen. Über allem droht die allgemeine Wirtschaftskrise und zwingt zur Sparsamkeit. So schreibt Emma Kallmann in »Der gute Ton«: *»Seine Freunde und Bekannten setze man nicht durch übertrieben kostbare Geburtstagsgeschenke in Verlegenheit (…). Ein paar Blu-*

men, Konfitüren, eine zierliche Nippesfigur genügen in den meisten Fällen, in denen man den Betreffenden nur seine Teilnahme an den Tag legen will.« Auch Annäherungsversuche stehen unter dem klaren Gebot der Einschränkung: *»Ein junger Herr darf einer jungen Dame, die ihm nicht nahe steht, höchstens einen Blumenstrauß zum Geburtstag senden. Irgendein Wertgegenstand wäre in diesem Falle gegen den guten Ton und könnte leicht zurückgewiesen werden.«*

Die Sparsamkeit regiert bis in die 1930er Jahre weiter, wird aber dann in Deutschland vom »nationalen« Element überschrieben. Plötzlich gilt das Sparen und Sich-begnügen-Müssen nicht mehr als notwendige Beschränkung, sondern wird als Zugehörigkeit zu einer Gemeinschaft umgedeutet. Der Geburtstag bekommt dabei eine neue Aufgabe. Denn parallel zur Privatfeier inszenieren die Nationalsozialisten den Führerkult in Hitlers Geburtstagsfeier. Zum propagandistischen Höhepunkt des Jahres müssen Gebäude beflaggt und Umzüge veranstaltet werden. Wer nicht mitzieht, macht sich verdächtig. In dem Benimmbuch »Willst du erfahren, was sich ziemt? Ein lustiges und lehrreiches Handbuch für die Jugend im Dritten Reich« beschreibt Carl Schütte, Lehrer und Landesleiter der Reichsschrifttumskammer, 1934 den Geburtstag als ein Fest, das Klassengegensätze überwindet:

Im Mittelpunkte aller Familienfeste steht für die Jugend ohne Zweifel der Geburtstag. (...) Es gibt immer noch Jungs und Mädels, die bei solchen Gelegenheiten, wie an Geburtstagen, gern mächtig angeben, besonders wenn Vater über einen gut gefüllten Geldbeutel verfügt. Sie protzen dann den andern gegenüber dadurch, daß sie mit einem »dicken« Geschenk anrücken, das alle andern kleinen Gaben weit in den Schatten stellt. Das ist ein sehr häßlicher, unkameradschaftlicher Zug. Freue dich über das kleinste Geschenk: es ist manchmal mit größerer Liebe erstanden als große Gaben. Sieh keinen deiner Gäste gering und scheel an, auch wenn er dir nichts schenken konnte: setze ihn deshalb niemals vor den andern zurück, dann wird dir auch sein Herz gehören, und das ist das Teuerste, was ein Mensch zu vergeben hat.

Das Geburtstagsfest wird Teil der Umerziehungsmaßnahmen, die die Gegensätze von Arm und Reich ausblenden, um den Weg für neue nationalistische Feindbilder zu ebnen. Ganz folgerichtig meldet sich die derart umerzogene deutsche Jugend am Schluss des Buches freiwillig als Kanonenfutter: »*In wenigen Monaten wird Gunther sie zur SA. hinüberführen.*«

So wurde das Geburtstagsfest zwölf düstere Jahre lang zur Vorbereitung von Krieg und Völkermord mobilisiert. Erst wurde das Fest zum Mittel der Erziehung und der Dressur gemacht und dann geriet die Ideologie hinter der Erziehung auf die Abwege des Faschismus.

Eigentlich ist das Fest des Geburtstags eine Feier, die keine Unterschiede kennt und alle gleich macht. Jedes Kind, das geboren wird, hat den gleichen Grund und das gleiche Recht, Geburtstag zu feiern. Gleich wie viel Vermögen es hat, gleich welches Geschlecht, gleich welche Hautfarbe und welche Herkunft. Niemand kann von seinem eigenen Geburtstag ausgeschlossen werden. Das ist die gute Seite der Herkunft des Festes aus einem Vertragsverhältnis, das jeden Menschen erst einmal gleich behandelt.

Kinder

Für Kinder sind Geburtstage das Größte, und Kinder waren und sind noch immer eine treibende Kraft bei der Verbreitung des Festes.

Kindergeburtstage könnte es ohne die Erfindung der Kindheit nicht geben. Solange Heranwachsende nur als nicht voll entwickelte Erwachsene betrachtet und zu allen zumutbaren Arbeiten herangezogen wurden, gab es weder eine Kindheit noch die entsprechenden Feiern. Der Umbau der Erziehungssysteme im 18. Jahrhundert, die Erfindung der Kindergärten im 19. Jahrhundert und die gleichzeitige Einführung der Schulpflicht sind die Meilensteine, die die Kindheit und die Kinderfeste erst möglich machen. Politisch waren diese Entwicklungen durchaus umstritten. Sie stehen in engem Zusammenhang mit der Industrialisierung und der Umorganisation der Arbeit. Seit vermehrt Frauen als Arbeitskräfte herangezogen wurden, entfiel die tradierte Familie als alleiniger Schauplatz der Erziehung. Das hatte den Effekt, dass Kinder von Teilzeit-Haushaltshilfen schon früh zu freien sozialen Wesen wurden. Erste sogenannte »Kinderbewahranstalten« wurden Ende des 18. Jahrhunderts gegründet. Die Idee, Kinder nicht nur zu bewahren, sondern früh mit der Erziehung zu beginnen, setzte der Pädagoge Friedrich Wilhelm August Fröbel zuerst ab 1817 in den thüringischen Gemeinden Griesheim und Keilhau um. »*Der Mensch als Kind gleicht der Blume an dem Gewächse, der Blüthe an dem Baume: wie diese in Beziehung auf den Baum, so ist das Kind in Beziehung auf die Menschheit eine junge Knospe, eine frische Blüte derselben, und als solche trägt, umschließt und verkündet es immer wiederkehrend die Erscheinung eines neuen Menschheitslebens.*« So Fröbel in der Vorrede zum »Plan einer Anstalt zur Pflege des schaffenden

Thätigkeitstriebs«, die dann der Metapher des Wachsens und der Pflanzen folgend ganz den Namen »Kindergarten« bekam.

Die erzieherischen Vorstellungen Fröbels waren für seine Zeit so revolutionär, dass sie nach den niedergeschlagenen Aufständen von 1848 unter politischen Verdacht gerieten. Sie galten als Teil eines »sozialistischen Systems« und wurden als »demagogisch und atheistisch« angefeindet. Im Jahr 1851 verbot man die Kindergärten in Preußen und Bayern. Viele Anhänger Fröbels emigrierten. Auf diese Weise gelangten seine Ideen nach Amerika.

Eine Schülerin Fröbels, Margarethe Schurz, gründete 1856 in Wisconsin den ersten Kindergarten der Vereinigten Staaten. Innerhalb von zehn Jahren folgten weitere in Boston und New York. Wie sehr Fröbels Konzept international ausstrahlte, sieht man darin, dass im angelsächsischen Sprachraum seither das Wort »kindergarten« gebräuchlich ist.

Die Erfindung des Kindergeburtstags fällt ungefähr in dieselbe Zeit. Ab dem Ende des 18. Jahrhunderts finden wir immer öfter Schilderungen von Geburtstagsfesten, die von Eltern für ihre Kinder ausgerichtet werden. 1859 erwähnt Pierers Lexikon, dass es üblich sei, »*so viel Lichter anzuzünden, als das Geburtstagskind Jahre zählt*«. Die Sitte scheint es schon viel länger gegeben zu haben, wenn auch nicht unbedingt mit Kerzen. 1775 schreibt Christian Felix Weiße in einer Geburtstagsgeschichte: »*Die Tür ging auf, und der Glanz der Lichter kündigte ein kleines Angebinde an, das ihm seine Geschwister von der Mama begleitet, in einem Kuchen mit neun Lichtern, nach der Anzahl seiner Jahre besteckt, überreichten.*« Ein gutes Jahrzehnt später lesen wir davon erneut in einem Gedicht, das die Göttinger Professorentochter und Dichterin Philippine Engelhard für ihre Tochter verfasst hat: »*Hier, Linchen, ist ein buntbekränzter Kuchen und ach, vier Lichter drauf gesteckt. Laß alle Leute nun davon versuchen, weil dir's her-*

nach viel besser schmeckt.« Alle diese Geburtstage finden im Kreis der Familie statt. Die Kindergärten führen dazu, dass sich die Kindheit aus dem alleinigen Zugriff der Familie löst. Das schlägt sich bald in der Geburtstagsfeier nieder. Eine klare Trennung des Kinderfestes von der Gesellschaft der Eltern fordert ausdrücklich 1885 Marie Calm in ihrem schon erwähnten Büchlein über »Die Sitten der guten Gesellschaft«. Dass »*Eltern und Geschwister, auch wohl die kleinen Gespielen dem Kinde gratulieren, ist natürlich und schön; aber man sollte nicht, wie dies zuweilen geschieht, eine Gesellschaft auch Erwachsener für diesen Tag einladen, in welcher das Geburtstagskind dann von Hand zu Hand geht und mit Liebkosungen und Geschenken überschüttet wird.*«

Die literarische Schilderung eines reinen Kindergeburtstags, bei dem nur Gleichaltrige miteinander spielen und sich ganz von der Familie entfernen, findet sich in einem um 1890 von Johann Meyer verfassten Märchen: »*Da brannte die Geburtstagstorte, – vier Lichter, und eins in der Mitte, – der kleine Glückspilz war vier Jahre alt geworden. Und Lenchen und ihre Brüder waren gekommen, ihm zu gratulieren, der dicke Peter und der lange Johannes und die beiden kleinen Zwillinge Hans und Jakob. (…) Da hatte denn die Mutter gesagt: Geh' nur mit, Johannes, und paß mir hübsch auf die Kleinen auf und sieh mir auch nach dem Dicken, daß er artig sei und mir die andern nicht necke. (…) Als nun die Schokolade alle und der Kringel verzehrt war, ging's nach der Koppel hinter Nachbar Johannsens Garten. Da wollten sie spielen, und da war's auch prächtig.*«

Im neuen Jahrhundert wurde das Kinderfest dann derart zu einer festen Gewohnheit und einer Art von Pflichtübung, dass es den Kindern selbst begann, auf die Nerven zu gehen. Rainer Maria Rilke erzählt 1910 in den »Aufzeichnungen des Malte Laurids Brigge« aus der Sicht eines Kindes: »*Und die Geburtstage natürlich, zu denen man Kinder eingeladen bekam, die man kaum kannte, verlegene Kinder, die einen verlegen machten, oder dreiste,*

die einem das Gesicht zerkratzten und zerbrachen, was man gerade
bekommen hatte, und die dann plötzlich fortfuhren, wenn alles aus
Kästen und Laden herausgerissen war und zu Haufen lag.« Dass
Kinder ganz unter sich sind, ist hier ganz selbstverständlich und
auch, dass sie selbst sprechen und die Dinge so schildern, wie sie
sie sehen. Das Problem liegt aus der Sicht des Kindes bei den Erwachsenen, die Einladungen an die falschen Kinder verschicken.
In den Vereinigten Staaten hatte man zur selben Zeit die Trennung des Kindergeburtstags von der kontrollierenden Obhut der
Familie schon einen Schritt weitergeführt. Die Erziehung der
Kinder zur Selbständigkeit schloss das Geburtstagsfest mit ein
und ausdrücklich auch die Einladungen: *»You may invite just
whom you please, daughter«*, hieß es 1875 in einer amerikanischen Kurzgeschichte, »Lade einfach ein, wen du willst.«

Im 20. Jahrhundert werden die Geburtstage von Kindern und
Jugendlichen noch weiter aus dem Familienleben ausgelagert.
Die Kulturhistorikerin Elizabeth Hafkin Pleck spricht von »post-
sentimentalen« Festen. Kommerzielle Veranstalter bieten sie als
Dienstleistung an. Besonders in den Vereinigten Staaten wurde
es üblich, das Fest nicht mehr zu Hause zu feiern, sondern sich an
einem Veranstaltungsort das komplette Geburtstagspaket zu
buchen.

Die jüngste Schilderung eines Kindergeburtstages, die mir
begegnet ist, zeichnet dagegen wieder ein ganz anderes Bild. Das
sentimentale Geburtstagsfest ist mit voller Wucht in die häusliche Umgebung zurückgekehrt und trifft dort auf die Lebens-
welt der neuen Patchwork-Familien. Nun sind es die Eltern, die
liebend gern den Geburtstag ganz den Kindern überlassen würden. Wahrscheinlich lässt sich das Leiden des norwegischen Au-
tors Karl Ove Knausgård nicht auf alle Feste übertragen, aber
eine vertraute Wirklichkeit fängt seine Schilderung doch ein:

»Herzlichen Glückwunsch zum Geburtstag, Stella!«, sagte ich. »Vanja hat ein Geschenk für dich.« Ich sah zu Vanja herab. »Möchtest du es ihr geben?« »Du sollst«, sagte sie leise. Ich nahm das Geschenk und überreichte es Stella. »Das ist von Vanja und Heidi«, erläuterte ich. »Danke«, sagte sie und riss das Papier auf. Als sie sah, dass es ein Buch war, legte sie es zu den anderen Geschenken auf einen Tisch und kehrte zu den übrigen Kindern zurück. (…) »Die anderen sitzen in der Küche«, sagte Erik. »Es gibt auch Wein, wenn ihr welchen haben wollt.« (…) Alle grüßten uns, wir grüßten auch und setzten uns an den langen Tisch, ich ans Fenster. Man unterhielt sich über Billigflieger, wie das, was anfangs ein Schnäppchen war, langsam, aber stetig teurer wurde, weil man eins nach dem anderen zusätzlich buchen musste, bis man schließlich ein Flugticket sein Eigen nannte, das genau so viel kostete wie bei teureren Fluggesellschaften. Dann wandte sich das Gespräch dem Emissionshandel zu und danach den neuen Charterzug-Urlaubsreisen, die kürzlich zum ersten Mal angeboten worden waren. Ich hätte sicher etwas sagen können, tat es aber nicht, Konversation gehört zu den zahllosen Dingen, die ich nicht beherrsche, so dass ich wie üblich dasaß und nur zu allem nickte, was gesagt wurde, und lächelte, wenn die anderen lächelten, während ich mich unablässig fortsehnte.

Happy Birthday

Das 20. Jahrhundert hat zur Antwort auf die Frage, wie es kommt, dass wir uns selbst feiern, nicht mehr viel beizutragen. Alle wesentlichen Voraussetzungen für die Verbreitung des Geburtstagsfestes waren im 19. Jahrhundert erfüllt. Nur ein kleines Detail, das heute fast weltweit bei keinem Geburtstagsfest fehlen darf, kam noch hinzu. Mit diesem Detail ist gleichzeitig der größte Betrugsfall verbunden, den es um das Fest herum je gegeben hat. Jahr für Jahr wurden fast zwei Millionen Euro ergaunert, und das über Jahrzehnte. Der Spuk endete in den USA im Jahr 2016, in Europa ein Jahr später.

Alles begann mit einer Kindergärtnerin in Louisville, Kentucky. Zwei Dinge sind von ihr bekannt. Das weniger bekannte ist ein Set von Bauklötzen, die sogenannten »Patty Hill blocks«. Hier schließt ihre Geschichte an Fröbels Ideen zur Kindererziehung an. Der Kindergarten in Louisville war Teil des sogenannten »Kindergarten Movements« in den Vereinigten Staaten. Die Lehren des deutschen Pädagogen trafen hier auf fruchtbaren Boden. Speziell für kleinere Kinder im Vorschulalter hatte Fröbel in Thüringen Bauklötze herstellen lassen, nach geometrischen Grundformen, fast wie kindliche Vorläufer des Bauhauses. Patty Hill empfand seine Klötze als zu klein und schlug eine vergrößerte und buntbemalte Version vor.

Mit dem Geburtstags-Betrugsfall hat das nichts zu tun, außer dass auch diese Geschichte im Kindergarten losgeht. Ihre Schwester Mildred hatte Musikwissenschaft studiert und spielte Klavier, gelegentlich auch im Kindergarten. Zur morgendlichen Begrüßung der Kinder hatten sich die beiden ein einfaches Liedchen ausgedacht. Es hieß »Good Morning to All«. Der Text ging so: *»Good morning to you. Good morning to you. Good morning* *dear children. Good morning to all.*« Das Liedchen wurde gern gesungen. Im Jahr 1893 kam es in einer Sammlung von Kinderliedern heraus, zum Nachsingen für andere Kindergärten.

Für den Rest der Geschichte muss man sich zwei Dinge vor Augen führen. Die Kunde vom Geburtstagsfest hatte sich mittlerweile um die ganze Welt verbreitet. In so gut wie allen Schulen und auch in den Kindergärten, zumindest im europäischen Kulturraum und allen angeschlossenen Kolonien wurden Geburtstage gefeiert. Es gab eine Art von internationalem Netzwerk der Erziehungsinstitutionen, die rund um den ganzen Globus eine bestimmte Form von Kindheit eingerichtet hatten. Zur raschen Verbreitung gemeinsamer Bräuche trug außerdem noch bei, dass das Englische nach dem Ersten und mehr noch nach dem Zweiten Weltkrieg zu einer internationalen Verkehrssprache wurde.

Wer genau auf die Idee kam, dem Lied einen anderen Text zu geben, ist unbekannt. Es gibt keinen Autoren. Die ersten Hinweise auf die abgewandelten Strophen finden sich im Jahr 1901. Dieses Detail sollte später noch wichtig werden. Das neue Lied lautete: »*Happy Birthday to You*«.

Als schließlich 1924 ein gewisser Robert H. Coleman die Melodie mit den beiden verschiedenen Strophen in einer Sammlung von Kinderliedern für Baptisten druckte, muss die Geburtstagsversion schon recht weit verbreitet gewesen sein. Die Veröffentlichung war nur eine weitere Etappe auf der steilen Karriere des Liedes. Es fand seinen Weg in die Kinos und wurde 1931 sogar in ein Broadway-Musical eingebaut. Davon hörte wiederum Jessica, die dritte der Hill-Schwestern. 1935 reklamierte der Verlag Clayton F. Summy eine Fassung der Melodie mit einer zusätzlichen Strophe als künstlerisches Eigentum und ließ sie sich schützen. Gegen diese Aneignung klagten die Schwestern und bekamen recht. Sie wurden als Autorinnen der ursprünglichen Melodie anerkannt und einigten sich mit der Firma in einem

Vergleich. Von nun an mussten alle zahlen, die öffentlichen oder kommerziellen Gebrauch von dem Lied machen wollten. Und zwar bis 70 Jahre nach dem Tod der Rechteinhaberin. Mildred Hill, die wahrscheinlich die Melodie erfunden hatte, starb früh. Aber ihre Schwester Patty wurde ziemlich alt. Sie lebte bis 1946.

Bis dahin spielte das Lied Tantiemen ein. Und zwar mehr als jedes andere, laut dem Guinness-Buch der Rekorde. 1989 fielen die Rechte an dem Lied über diverse Firmenaufkäufe an die Firma Warner. Den Gesamtgewinn durch Lizenzgebühren und Abgaben schätzt man auf über 50 Millionen Dollar.

Im Lauf der Zeit mehrten sich die Stimmen, die die Rechte in Zweifel zogen. 2016 entschied ein Gericht in den Vereinigten Staaten, dass der Copyright-Anspruch der Firma Summy von Anfang an nicht rechtmäßig war und dass das Lied der Allgemeinheit frei zur Verfügung stehe. Über Jahrzehnte hatte vor allem Warner Music gesetzwidrig Gebühren eingezogen. Das Unternehmen konnte sich in einem Vergleich vor Gericht mit 14 Millionen Dollar freikaufen.

Wie es weitergeht

Den Rest des 20. Jahrhunderts können wir in einem großen Bogen überbrücken. Die Geschenke werden mehr und mehr und mehr. Wie viele andere Feste wird auch der Geburtstag vom Konsumkult vereinnahmt. Aber das Geburtstagsfest war schon vor 1900 ein Fest des Schenkens und auch des Konsums, wenn auch in viel kleinerem Maß. Heutzutage könnte man die Partykultur genauer untersuchen oder die Unmenge von Geburtstagsfesten in Kinofilmen. Als ich drei Cineasten unter meinen Freunden fragte, ob sie mir einige Filme mit Geburtstagsfesten empfehlen könnten, schickte mir einer vier Seiten Suchergebnisse, der andere einen Link auf eine Liste von 2500 Filmen, und der dritte meinte, Geburtstage kämen ohnehin in »jedem zweiten Film« vor.

Es gibt noch viel über das Geburtstagsfest zu wissen. Sitten und Gebräuche werden in jedem Land erweitert und verändert. Noch gibt es Millionen von Menschen, deren Geburtstag nicht notiert wird. Müssen sie ihn irgendwann im Leben angeben, wählen die meisten von ihnen den 1. Januar. All diese Geschichten gehören zur Gegenwart des Geburtstags, und es ließen sich damit nicht nur eins, sondern gleich mehrere Bücher füllen.

Wer weiß, wie etwas kommt, möchte auch gern wissen, wie es damit weitergeht. Das geht mir jedenfalls so. Nun besitze ich keine hellseherischen Fähigkeiten und kann deshalb über kommende Geburtstage wenig sagen. Aber über die Gegenwart und über die Veränderungen, die sich schon abzeichnen, vielleicht schon. Manchmal ist es ja doch so, dass sich im Wissen über die Herkunft so etwas wie ein Verlauf oder eine Flugbahn abzeichnet.

Was ändert sich am Anfang des 21. Jahrhunderts? Es seien nur ein paar Stichworte genannt.

Die Datenlage verändert sich ganz grundsätzlich. Das Geburtsdatum verliert an Bedeutung, da es nur noch ein Datensatz unter sehr vielen ist. Für Verwaltungszwecke wird es nicht mehr gebraucht. Der Begriff des Subjekts verblasst ebenfalls. Selbstreflexion wird durch Fremdreflexion abgelöst, würde ein Soziologe oder ein Philosoph sagen. Das heißt, es spielt für uns nicht mehr eine so große Rolle, wie genau wir uns selbst verstehen. Die 200 Jahre alte und leicht egozentrische Form des Selbstbezugs begründet nicht mehr unseren Begriff davon, wer wir sind. Viel wichtiger erscheinen heute die vielen Freunde, Bekannten und Kontakte in den sozialen Netzwerken, die auf unsere Äußerungen reagieren. Wir lernen uns selbst in den Reaktionen der anderen kennen. Ob das nun gut ist oder schlecht, ist eine andere Frage. Es ist so. Und damit wird unser »Selbst«, das ja doch im Zentrum des Geburtstags steht, ein anderes.

Dazu kommt, dass sich unsere Umwelt ändert, und zwar vor allem unsere Kommunikations-Umwelt. Das hat auf die Art und Weise, wie wir unseren Geburtstag feiern, großen Einfluss. Wir haben nicht mehr einfach neue Medien, wie im 20. Jahrhundert, sondern eher neue Plattformen und Netzwerke auf der technischen Grundlage vieler verschiedener Medien. Das Neue des vergangenen Jahrhunderts waren der Fernseher, die CD oder der Computer. Das Neue in unserem Jahrhundert sind die Netzwerke und Plattformen und sozialen Medien.

Was die neuen Technologien betrifft, ist die Lage vielleicht viel einfacher, als sie manchmal dargestellt wird. Bei den von ihnen angeschobenen Veränderungen lassen sich in der Regel zwei Phasen beobachten. Zuerst bleibt alles beim Alten, also alle Gewohnheiten und Institutionen bestehen so weiter, wie wir sie kennen. Sie werden nur in das neue Medium übertragen. Erst in einer zweiten Phase stellt sich dann heraus, dass die technischen

Mittel auch ganz andere Möglichkeiten zulassen. In diesem Moment geraten die Verhältnisse ins Wanken, neue Formen treten hervor und die Anhänger des Alten klagen über »Überflutung« und dergleichen. Für die Phase eins der Geburtstagsfeste in den neuen Netzwerken gibt es schon länger erste Beispiele.

Geburtstags-Flash

Am 12. Januar 2008, mitten im australischen Hochsommer, feierte der 16-jährige Corey Worthington seinen Geburtstag in einem Vorort von Melbourne. Seine Party sollte noch Furore machen. Allerdings war der Erfolg zu Beginn des Abends nicht abzusehen. Erst einmal tat sich nämlich nicht viel.

Die Eltern waren außer Haus. Corey hatte zu seiner Party im Netz eingeladen, damals noch auf MySpace. Um überhaupt Leute in den etwas abgelegenen Vorort zu locken, waren große Versprechungen nötig: *»Parents away, tell yr m8s, u don wanna miss it, its gonna B huge.«* Der Zufall wollte es, dass an diesem Tag in der näheren Umgebung insgesamt acht Geburtstagspartys an drei verschiedenen Orten gefeiert wurden. Coreys Fest begann enttäuschend. Bald zogen seine Gäste weiter ins benachbarte Viertel, wo fünf Freunde zusammen mit gut 300 Leuten feierten. Um elf Uhr herum kam dort die Polizei vorbei und schloss die Veranstaltung. Das Gleiche geschah bei einer anderen Party ein Stück weiter. Das Fest von Corey war zu diesem Zeitpunkt so gut wie gelaufen. Es blieb so ruhig, dass kein Nachbar Grund zur Klage hatte. Unter den Feiernden, die vor den anderen beiden Häusern auf der Straße standen, sprach sich irgendwann herum, dass es noch eine dritte Party gab. Bevor sie sich auf den Weg zurück in die Stadt machten, schauten einige vorbei. Gegen Mitternacht kamen immer mehr Leute. Als die Polizei schließlich wieder auftauchte, war Coreys Party in vollem Gang. Die Gäste ließen sich nicht mehr vertreiben. Die Streife forderte Verstärkung an. Tränengas wurde eingesetzt. Es kam zu gewalttätigen Ausschreitungen und Sachbeschädigungen in der Nachbarschaft.

Der ganze Vorfall wäre nicht weiter erwähnenswert gewesen,

wenn Corey nicht im lokalen Fernsehen aufgetreten wäre. Vor der Kamera gab er den lässigen Teenager. Der Reporter wollte ihn wie einen Schuljungen vorführen: »*Nun nimm einfach mal deine Sonnenbrille ab und entschuldige dich.*« – »*Entschuldigen geht in Ordnung, aber Brille abnehmen kommt nicht in Frage …*«, hielt Corey dagegen.

Ein Nutzer namens @thetonkins stellte das Interview des Lokalfernsehens auf YouTube. Innerhalb der nächsten Jahre erhielt das Video zweieinhalb Millionen Klicks. Coreys Brille wurde tatsächlich berühmt. Etliche Nachahmer versuchten große runde Sonnenbrillen mit gelbem Plastikgestell zu verkaufen. Er selbst hatte nicht viel davon. Sein Versuch, eine Karriere als Party-Veranstalter zu starten, führte nicht weit. Aber die Geschichte des ersten Geburtstags-Flashmobs blieb online erhalten.

Von dort aus kam eines zum anderen, so wie sich in Netzwerken eben Verbindungen ergeben. Als zwei amerikanische Filmstudenten drei Jahre später einen Film über Flashmob-Partys machen wollten, stießen sie auf Coreys Video. Sie beschlossen, ihre Handlung in etwa entlang der Geschichte von seinem Geburtstag zu stricken. Die Filmemacher bedienten sich derselben improvisierten Kameraführung und amateurhaften Bildästhetik, die einige Jahre zuvor den Film »Blair Witch Project« bekannt gemacht hatte.

Dem dramatischeren Höhepunkt zuliebe wichen sie von der Wirklichkeit des Vorbilds ab und inszenierten eine Fantasie zügelloser Übertreibung. Am Ende ihres Films wird die ganze Straße vor dem Haus von betrunkenen und mit allerlei Drogen aufgeputschten Jugendlichen belagert. Ein Nachbar dreht durch und fackelt mit einem Flammenwerfer Bäume, Häuser und Autos ab.

Der Film kam unter dem Titel »Project X« im Jahr 2012 heraus und fand genügend Verbreitung, um Nachahmer in der Wirklichkeit zu finden. Es gab eine Art von Werther-Effekt, wie damals, als Goethes gleichnamiger Roman etliche junge Leser dazu brachte, den fiktiven Selbstmord des Helden wirklich nachzuahmen. Die ersten Versuche, den Film nachzustellen, ließen nicht lange auf sich warten. Der bekannteste Vorfall trug sich noch im selben Jahr zu. Merthe Weusthuis aus dem holländischen Dorf Haren hatte auf Facebook zu ihrem 16. Geburtstag am 21. September eingeladen. Dabei, so gab sie jedenfalls nachträglich an, hatte sie sich versehentlich in den Privacy-Einstellungen vertan. Anstatt die Einladung nur Freunden zu zeigen, schaltete sie sie für sämtliche Nutzer frei. Am 16. September tauchte der Hashtag #ProjectXHaren auf. Im Verlauf einer einzigen Woche erhielt sie über Facebook 30 000 Zusagen. Via Twitter verbreitete sich der Event weitere 41 000 Mal. Am 19. September kam auf YouTube noch ein von Unbekannten produzierter »Teaser Trailer« hinzu. Er wurde innerhalb von drei Tagen 36 000 Mal gesehen. Noch nachdem die lokale Polizei dazu aufgefordert hatte, vom Besuch des Geburtstagsfestes abzusehen, wurde für die Vorbereitung der Party eine Facebook-Gruppe gegründet. Die Nachricht von dem bevorstehenden Großereignis erreichte die internationale Presse. Sender wie CNN und Presseagenturen schickten ihre Reporter. In Erwartung der feierwütigen Horden wurden Straßen gesperrt und der Alkoholverkauf am Bahnhof eingestellt. Merthe und ihre Familie waren längst abgetaucht. Schon ab dem Vormittag ihres Geburtstags fielen ungefähr 4000 Geburtstagsgäste in das Dorf mit seinen insgesamt 13 000 Bewohnern ein. Der Menschenauflauf wurde im Fernsehen live übertragen. Es kam, wie es kommen musste. Schließlich kannten alle den Film, und es gab genug Gäste, die sich bemühten, die Handlung so treu wie möglich nachzuspielen. Hunderte von Jugendlichen randalierten bis spät in die Morgenstunden in der Fußgängerzone der kleinen Gemeinde. 35 wurden verhaftet.

Freunde feiern

Für die Plattform Facebook hat der Geburtstag eine herausragende Bedeutung. Nach der Einführung der automatischen Erinnerungsfunktion im Jahr 2013 haben Gratulationen und die Antworten darauf zeitweise mehr als die Hälfte aller direkten persönlichen Nachrichten ausgemacht.

Der Geburtstag gestaltet sich im Netz als halböffentliches Schaulaufen sämtlicher Freunde, die in ihren Links, Likes und Posts das Gratulieren zum Netzwerk-Ritual machen. Für den einzelnen Nutzer handelt es sich um die jährliche Statusprüfung. Denn im Akt der Glückwünsche zeigt sich, welche Freunde noch da sind und wer den Jubilar schon wieder vergessen hat.

Regeln für richtiges Verhalten haben sich sehr rasch herausgebildet. Wenn alle zuschauen, entsteht sehr schnell ein Gefühl dafür, was als gut und angemessen gilt. Derzeit verlangt die unausgesprochene Etikette, auf alle Gratulationen zu antworten. Die Länge und auch der Zeitpunkt – möglichst früh, auch schon um Mitternacht – gelten als Zeichen für die Intensität der Freundschaft.

Um den Effekt dieses Ereignisses zu ermessen, muss man bedenken, dass die meisten unserer Links und Online-Freundschaften zwar als Kontakt bestehen, aber so gut wie nie aktiviert werden. Schlafende Accounts, Karteileichen und dazu ein Gewusel nichtmenschlicher Bots stellen für die Online-Netzwerke ein großes Problem dar. Der Geburtstag gibt den Plattformen eine großartige Gelegenheit, all die passiv gewordenen Nutzer zu aktivieren. Der Automat erinnert, die User fühlen sich verpflichtet, auch entfernten Freunden – den sogenannten »weak ties« – einmal wieder eine Nachricht zukommen zu lassen. Das macht den Großteil der Gratulationen aus. Sie kommen von Leuten, von denen wir sonst das ganze Jahr nichts hören. Der Reigen der Glückwünsche wird zum großen Moment der Evaluation der persönlichen Netzwerke.

Auf die Gestaltung des Geburtstags in der sogenannten Wirklichkeit haben diese Netzwerke bislang kaum Auswirkungen. Das mag auch daran liegen, dass die Plattformen einander ablösen. Facebook verliert an Zuspruch. Neue Anbieter kommen auf, für deren Netzwerk-Rituale die Geburtstage weniger wichtig erscheinen.

Welche Plattformen sich auch immer durchsetzen, einige Effekte bleiben in Netzwerken stets erhalten. Es zählt, was Freunde von uns und wir von Freunden sagen. Die Spiegelung im Verhalten der anderen führt dazu, dass wir uns immer weniger als die selbstbezüglichen Subjekte wie noch zu Kants Zeiten begreifen können. Dem Geburtstagsfest schadet diese Abkehr vom Subjekt nicht. Im Gegenteil, die Netzwerke geben Feiern mit Freunden sogar noch eine wichtigere Position. Denn der Wunsch nach Anerkennung bleibt. Und die finden wir schon immer unter Freunden.

Ende

Zu meinem Geburtstag vor einigen Wochen bin ich wieder einmal auf Reisen gewesen. Natürlich hat meine Hoffnung, anderswo Ruhe vor etwaigen Glückwünschen zu haben, mich wieder getäuscht. Zufälligerweise fiel der Tag auf den Beginn des neuen Semesters. Unser Fachbereich hatte die Lehrkonferenz fürs kommende Jahr genau auf diesen Termin angesetzt. Wo immer es Büros gibt, hat niemand eine Chance, Geburtstage geheimzuhalten. Denn da gibt es auch Akten, und in den Akten steht das Datum. Nach der Konferenz sangen alle zusammen die zweite Strophe des Liedes »Good morning to you« für mich. Das war dann doch recht nett und gab mir Gelegenheit, die Anekdote von dem Riesenbetrug hinter dem Lied zum Besten zu geben.

Als Nächstes kommt im November der Geburtstag von Stella. Sie hat kürzlich bei einem Kuchenessen, das auch ein wenig meine nachträgliche Feier war, stundenlang mit zwei Freundinnen gespielt. Am nächsten Abend meinte sie, der Nachmittag sei so schön, so wirklich unglaublich schön gewesen, dass sie zu ihrem Geburtstag nur wieder diese beiden einladen wolle. Niemand aus dem Kindergarten. Nein, nur genau diese beiden. Aber lässt sich ein so wunderbar gelungenes Fest wirklich wiederholen?, fragte ich sie. Ich musste an eine kurze frühe Geschichte des österreichischen Schriftstellers Gert Jonke denken, die »Wiederholung eines Festes« heißt. Der Versuch, ein großes Gartenfest noch einmal zu feiern, gelingt zwar, aber endet trotzdem nicht gut. Eine wirklich gelungene Feier sollte man nicht wiederholen wollen.

Der schwierigste Fall ist Weihnachten, also der Geburtstag von Deborah. Doch auf meinen langen Forschungstouren für dieses Buch habe ich dafür einen Lösungsvorschlag gefunden. Er stammt vom Autor der »Schatzinsel«, dem schottischen Schriftsteller Robert Louis Stevenson. Im Alter von 39 Jahren ließ er sich in der Südsee auf der Insel Samoa nieder. Ein Jahr vorher hatten sich drei Kolonialmächte geeinigt, die Insel gemeinsam zu verwalten. Stevenson mischte sich in die lokale Politik ein und machte keinen Hehl daraus, dass er die Vertreter der Kolonialmächte für unfähig hielt. Er schlug sich in den Konflikten auf die Seite eines samoanischen Häuptlings. Unter den Inselbewohnern genoss der Autor höchstes Ansehen und wurde als »Tusitala«, Geschichtenerzähler, verehrt. Stevenson verarbeitete seine Erlebnisse in dem Buch »A Footnote to History: Eight Years of Trouble in Samoa«. Als es herauskam, wurden erst einige Kolonialbeamte gefeuert, aber dann musste auch Stevenson selbst fürchten, aus Samoa verbannt zu werden, so groß war der Ärger, den sein Bericht erregte. Mit einem der Kolonialbeamten verstand er sich trotzdem bestens. Es war der amerikanische Kommissar Henry Clay Ide, der im Mai 1891 auf die Insel kam. Er wohnte in der Nachbarschaft von Stevenson. So ergab es sich, dass der Geschichtenerzähler seinen Kindern ab und zu eine Geschichte vorlas. Eine seiner Töchter mit Namen Annie hatte das Unglück, am 24. Dezember geboren worden zu sein. Stevenson, der nebenbei auch Anwalt war, beschloss daraufhin, ihr folgenden Vertrag vorzuschlagen.

Ich, ROBERT LOUIS STEVENSON, Mitglied der Schottischen Anwaltskammer, Autor von DER JUNKER VON BALLANTRAE und MORALISCHE EMBLEME, Bauingenieur, alleiniger Besitzer und Inhaber des unter dem Namen »Vailima« bekannten Gutes samt Plantage auf der Insel Upolo, Samoa, britischer Untertan, bei gesundem Verstand und auch sonst bei besten geistigen und körperlichen Kräften; in Anbetracht der Tatsache, dass Miss Annie H. Ide, Tochter von H. C. Ide, aus der Stadt Saint Johnsbury im County

Caledonia, Staat Vermont, Vereinigte Staaten von Amerika,
ganz unsinnigerweise am Weihnachtstag geboren wurde und
ihr deshalb wider alle Gerechtigkeit jeder Trost und Gewinn
eines Geburtstags vorenthalten wird;

unter Berücksichtigung, dass ich, besagter Robert Louis Stevenson, ein Alter erreicht habe, in dem wir den Geburtstag
nicht einmal mehr erwähnen, so dass ich keine weitere Ver-
wendung, welche auch immer, dafür habe;

und weiterhin berücksichtigend, dass ich H. C. Ide, den Vater
besagter Annie H. Ide, getroffen habe und ihn für genau so
weiß befunden habe, wie ich es von einem Kolonialkommis-
sar nur erwarte,

habe ich überschrieben und übertrage hiermit der genannten
Annie H. Ide vollständig meine sämtlichen Rechte und Privilegien für den 13. Tag des November, vormals mein Geburtstag und hiermit von jetzt ab der Geburtstag der besagten
Annie H. Ide, diesen ganz wie nach den Sitten unserer Vorfahren zu haben, abzuhalten, auszuüben und sich seiner in
der üblichen Weise zu erfreuen, mit dem Vorzeigen hübscher
Kleider, dem Essen üppiger Mahlzeiten, dem Empfang von
Geschenken, Glückwünschen und Versen.

Quellen und Nachweise

S. 19 *Aber sieh an:* Ovid, *Tristia,* übers. von Wilhelm Willige, Zürich 1990,
S. 131 (V,5)

S. 20 *Es erhebe sich:* Ovid, ebd.

S. 21 f. *Meiner Gemahlin Geburtstag:* Ovid, a. a. O., S. 130

S. 22 *Segen spreche mein:* Ovid, a. a. O., S. 131

S. 22 *Schönstes Geburtstagsfest!:* Ovid, ebd.

S. 25 *Aber auch folgende:* Censorinus, *De die Natali* II,3, übers. von Klaus
Sallmann, Weinheim 1988

S. 25 f. *Während nun sonst:* Censorinus, a. a. O. III,5

S. 26 *Genius ist der:* Censorinus, a. a. O. III,1

S. 26 *Der Genius ist uns aber:* Censorinus, a. a. O. III,5

S. 33 *Als ich im Begriff war:* Platon, *Phaidros* 242b, übers. von Friedrich
Schleiermacher, Hamburg 1958, S. 24

S. 34 *dass mir etwas Göttliches:* Platon, *Apologie* 31c, übers. von Friedrich
Schleiermacher, Hamburg 1957, S. 22

S. 34 *Aber nachdem nun jenes Geschlecht:* Hesiod, *Werke und Tage,* 121, übers.
von J. H. Voss, Berlin 2011

S. 51 *Das Archiv ist:* Michel Foucault, *Archäologie des Wissens,* Frankfurt am
Main 1973, S. 187

S. 54 *Wenn ich mich in:* Gaius Plinius Caecilius Secundus: *Briefe* – Lateinisch-
Deutsch, hg. von Helmut Kasten, München 1968, S. 155 (II,17)

S. 64 *Die Christen gelten:* Tertullian, *Apologetikum,* übers. von Heinrich Kell-
ner, http://www.tertullian.org/articles/kempten_bkv/bkv24_08_
apologeticum.htm

S. 67 *Bei der Feier der Geburtstage haltet Maß:* Petrus Chrysologus, in: Walter
Dürig, *Geburtstag und Namenstag,* München 1953, S. 24

S. 71 *Und siehe, Elisabeth:* Lukas 1,5

S. 74 *Es wird gesagt:* Platon, *Phaidon* (107d), zit. nach Martin Persson Nilsson:
Geschichte der griechischen Religion, Bd. II, München 1988, S. 211

S. 75 *Es ist außerdem nicht leicht:* Pausanias, *Beschreibung Griechenlands,*
übers. von Jacques Laager, Zürich 1998, S. 207 (III,25,5)

S. 80 f. *Es begab sich aber:* Lukas 2,1

S. 85 *drei Zeiten: Vergangenheit:* Augustinus, *Bekenntnisse,* dt. von Herman
Hefele, Jena 1921, S. 243

S. 90 *Als höchsten Tag:* Herodot, *Historien,* Stuttgart 1955, S. 62 (I,133)

S. 90 *Kein Volk ist fremden Sitten:* Herodot, a. a. O., S. 65 (I,135)

S. 91   *Sein Herz erfreuen:* Jan Assmann, *Der schöne Tag – Sinnlichkeit und Vergänglichkeit im altägyptischen Fest,* in: Walter Haug, Rainer Warning, *Das Fest,* Poetik und Hermeneutik XIV, München 1989, S. 3–28

S. 95   *der künec der begie den tac:* Konrad von Würzburg, *Der Trojanerkrieg, 5006–5010,* Stuttgart 1858, S. 60

S. 105 *Es ist noch eben Zeit:* Paul Fleming, *Poetische Wälder,* 4. Glückwunschungen, 12. Noch ein Anders, nach der Gesamtausgabe von J. P. Lappenberg, 1865. http://www.zeno.org/nid/20004763831

S. 114 *Vor allem müssen die Ablassverkäufer:* Albrecht von Mainz: *Ablassinstruktion,* in: Heiko A. Oberman, *Die Kirche im Zeitalter der Reformation,* Neukirchen-Vluyn 1981, S. 13

S. 122 *Am 5t. Maii:* Regine Falkenberg, *Kindergeburtstag. Eine Brauchstudie über Kinder und ihr Fest,* Marburg 1982, S. 76

S. 124 *Zwischen 4. und 5. Uhr:* Elisabeth Sophie Marie, Herzogin von Braunschweig-Lüneburg: *Beschreibung Des Auf der Braunschweigischen Winter-Messe daselbst bald erfolgten angenehmen Jahr-Marcktes Zu Celebrirung Des erfreulichen Gebuhrts-Tages Seiner Durchl. Augusti Wilhelmi, Regierenden Hertzogs zu Braunschw. und Lüneb.,* Braunschweig 1715, online: http://diglib.hab.de/drucke/gn-kapsel-22-5/start.html

S. 130 *Er machte einen Plan:* Friedrich Nicolai, *Das Leben und die Meinungen des Herrn Magister Sebaldus Nothanker,* Band 1, Berlin 1773, S. 194 f.

S. 131 *Mein lieber Andres:* Matthias Claudius, *Sämtliche Werke des Wandsbeker Boten,* 3. Theil, Brief an Andres wegen den Geburtstägen im August 1777, Wandsbek 1774, S. 111

S. 140 *Wirt: Ohne Zweifel:* Gotthold Ephraim Lessing, *Minna von Barnhelm,* 2. Akt, 2. Auftritt, *Werke* Band 1, München 1970, S. 627

S. 142 *Unsere ganze Volksbewaffnung:* Gneisenau nach Varnhagen von Ense, in: Gerhard Papke, *Von der Miliz zum Stehenden Heer. Wehrwesen im Absolutismus,* Herrsching 1983, S. 113

S. 143 *Ein einheimischer Kerl soll:* Jörg Muth, *Flucht aus dem militärischen Alltag,* Rombach 2003, S. 107

S. 148 *Von Berlin muß ich frey:* Johann Peter Süßmilch, *Die Göttliche Ordnung in den Veränderungen des menschlichen Geschlechts,* Bd. 3, hg. von Christian Jacob Baumann, Berlin 1776, S. 66

S. 149 *Hieraus erhellt nun:* Süßmilch, a. a. O.

S. 158 *s'appliquent uniquement:* Friedrich d. Große, *Oeuvres complettes,* Bd. 7: *Melanges en verse et prose de Frédéric II, Roi de Prusse,* Berlin 1790, S. 219.

S. 158 *Der Haupt-Endzweck des Unterrichts auf Universitäten muß seyn:* Heinrich Bosse: *Der geschärfte Befehl zum Selbstdenken,* in: F. A. Kittler u. a., *Diskursanalysen 2: Institution Universität,* Opladen 1990, S. 60

S.159 *Eine ganz andere aber:* Johann Gottlieb Fichte, *Reden an die deutsche Nation,* Leipzig 1924, S.55

S.160 *Alles unnötige Räsonieren …:* Friedrich Wilhelm III. Kabinettsordre vom 11.1.1819, in: Bosse, *Der geschärfte Befehl zum Selbstdenken,* a.a.O., S.51

S.160 *Die Philosophie muss …:* G.W.F. Hegel, *Werke, Vermischte Schriften,* 2. Bd, Berlin 1835, S.343 f.

S.161 *In einem neuen Local:* Hegel, Brief an seine Frau vom 29.8.1826, in: Karl Rosenkranz, *Georg Wilhelm Friedrich Hegels Leben,* Berlin 1844, S.338

S.162 *Es ist in diese:* GWF Hegel, *Enzyklopädie der philosophischen Wissenschaften im Grundrisse,* § 407, Frankfurt am Main 1979, S.339

S.162 *Der König hat jetzt:* J. Hoffmeister (Hg.), *Briefe von und an Hegel,* Bd. III: *1823–1831,* Hamburg 1969, S.402

S.163 *die feier war:* Jacob Grimm, *Deutsches Wörterbuch,* Bd. 4, München 1878, S.1911

S.164 *Heute ist mein Geburtstag:* in *The girlhood of Queen Victoria: a selection from HER Majesty's diaries between the years 1832 and 1840,* London 1912, Friday 24th May 1833, S.75 ff., übers. d.A.

S.167 *Ich habe mit Lord George Pachet:* ebd., S.332

S.171 *Heute hat mich der Gustel:* J.W. v. Goethe, *Briefwechsel mit seiner Frau,* Bd. 1, Kap. 9, 1799, S.238. Christiane, Jena 6.8.1799.

S.172 *Doch wer von uns:* Jacob Grimm, *Ueber schenken und geben,* in: *Kleinere Schriften, Abhandlungen zur Mythologie und Sittenlehre,* Berlin 1865, S.191

S.173 *Uebrigens gleich das anbinden:* ebd., S.196

S.177 *Beispiele dafür, daß:* John L. Austin, *Zur Theorie der Sprechakte (How to Do Things with Words),* Stuttgart 1979, S.58

S.179 *Lieber Vater, du bist:* Theodor Fontane, *Meine Kinderjahre,* in: *Sämtliche Werke,* Bd. 14, München 1961, S.132

S.180 *diese Bindgedichte scheinen:* Jacob Grimm, *Ueber schenken und geben,* a.a.O., S.195.

S.181 *Lucerna cubicularis:* Martial, *Epigramme,* Stuttgart 1865, S.492 (14,39)

S.182 *der brauch gästen:* Jacob Grimm, *Ueber schenken und geben,* a.a.O., S.179

S.183 *Heute ist mein:* J.W. v. Goethe, *Die Leiden des jungen Werther,* in: *Werke,* Bd. 6, Hamburg 1965, S.53

S.185 *Geburtstage waren wichtig:* Jean Paul, *Das Leben Fibels, des Verfassers der bienrodischen Fibel,* in: *Sämtliche Werke,* Bd. 26, Berlin 1842, S.59

S.186 *Feiert aber doch:* Fritz Boehm, *Geburtstag und Namenstag im deutschen Volksbrauch,* Berlin 1938, S.42

S.187 *Dann kam der Branntwein:* F.M. Dostojewski, *Aufzeichnungen aus einem toten Hause,* Berlin 1923, S.36 f.

S.188 *Es ist ferner:* C. G. Salzmann, *Noch etwas über die Erziehung nebst Ankündigung einr Erziehungsanstalt,* Leipzig 1784, S.146

S.189 *An solchen Tagen: Damen-Conversations-Lexikon,* 4. Bd., (o. O.) Verlag Adorf 1835, S.338

S.189 *Für nahe Verwandte:* Marie Calm, *Die Sitten der Guten Gesellschaft,* Stuttgart 1886, S.116

S.190 *Ein Herr wird:* Marie Calm, a. a. O., S.177

S.191 *Die Geburtstage vergesse man:* Julius Stettenheim, *Der moderne Knigge, Leitfaden durch das Jahr und die Gesellschaft,* Berlin 1906, S.31

S.191 *Will man nähere Bekannte:* JV & Sohn Samsreither, *Der Wohlanstand,* Altona 1883, S.161

S.192 *Seine Freunde und Bekannten:* Emma Kallmann, *Der gute Ton,* Berlin 1926, S.204

S.193 *Im Mittelpunkte aller Familienfeste:* Carl Schütte, *Willst du erfahren was sich ziemt?,* Caputh-Potsdam 1936 , S.21

S.195 *Der Mensch als Kind:* Friedrich Fröbel, *Gesammelte pädagogische Schriften,* Bd. 2, Berlin 1862, S.5 f.

S.196 *Die Tür ging auf:* Christian Felix Weiße, *Kinderfreund,* zit. nach: Regine Falkenberg, *Kindergeburtstag. Eine Brauchstudie über Kinder und ihr Fest,* Marburg 1982, S.65

S.196 *Hier, Linchen, ist ein:* Philippine Engelhard, zit. nach Falkenberg, a. a. O., S.65

S.197 *Eltern und Geschwister:* Marie Calm, a. a. O., S.114

S.197 *Da brannte die Geburtstagstorte:* Johann Meyer, *Märchen,* in: *Sämtliche Werke,* Bd. 5, Kiel und Leipzig 1906, S.86

S.197 *Und die Geburtstage:* Rainer Maria Rilke, *Die Aufzeichnungen des Malte Laurids Brigge,* Werke, Bd. 6, Wiesbaden und Frankfurt 1966, S.757

S.199 *Herzlichen Glückwunsch:* Karl Ove Knausgård, *Leben,* München 2009, S.33 f.

S.212 *Ich, Robert Louis Stevenson:* R. L. Stevenson, *The Letters of Robert Louis Stevenson,* Bd. 2, New York 1917, S.324

Personenregister